Effectieve zakenbrieven

Paul Looijmans
Marjan Palm-Hoebé

Effectieve zakenbrieven

Adviezen en oefenopdrachten

Tweede druk

Wolters-Noordhoff Groningen

Ontwerp binnenwerk: Studio Wolters-Noordhoff Groningen
Ontwerp omslag: Studio Wolters-Noordhoff Groningen

Wolters-Noordhoff bv voert voor het hoger onderwijs de imprints Wolters-Noordhoff, Stenfert Kroese en Martinus Nijhoff.
Eventuele op- en aanmerkingen over deze of andere uitgaven kunt u richten aan: Wolters-Noordhoff bv, Afdeling Hoger Onderwijs, Antwoordnummer 13, 9700 VB Groningen, e-mail: info@wolters.nl

3 4 5 / 05 04 03 02 01

Copyright © 1996 Wolters-Noordhoff bv Groningen/Houten, The Netherlands.

Alle rechten voorbehouden. Niets uit deze uitgave mag worden verveelvoudigd, opgeslagen in een geautomatiseerd gegevensbestand, of openbaar gemaakt, in enige vorm of op enige wijze, hetzij elektronisch, mechanisch, door fotokopieën, opnamen of op enige andere manier, zonder voorafgaande schriftelijke toestemming van de uitgever.

Voorzover het maken van kopieën uit deze uitgave is toegestaan op grond van artikel 16B Auteurswet 1912 J^O het besluit van 20 juni 1974, St.b. 351, zoals gewijzigd bij het besluit van 23 augustus 1985, St.b. 471 en artikel 17 Auteurswet 1912, dient men de daarvoor verschuldigde vergoedingen te voldoen aan de Stichting Reprorecht, Postbus 882, 1180 AW Amstelveen. Voor het overnemen van een of enkele gedeelte(n) uit deze uitgave in bloemlezingen, readers of andere compilatiewerken (artikel 16 Auteurswet 1912) dient men zich tot de uitgever te wenden.

All rights reserved. No part of this publication may be reproduced, stored in a retrieval system, or transmitted, in any form or by any means, electronic, mechanical, photocopying, recording, or otherwise, without the prior written permission of the publisher.

ISBN 90 01 68949 3

Inhoud

Woord vooraf bij de tweede druk 7

Inleiding 8

Deel 1 Adviezen 11

1. Kies het juiste kanaal 12
2. Effectieve zakenbrieven: meer dan een kwestie van goed Nederlands 15
3. Schrijf klantvriendelijk en servicegericht 19
4. Verplaats u in de lezer 26
5. Schrijf in overeenstemming met uw eigen positie en die van uw organisatie 35
6. Schrijf gestructureerd 41
7. Formuleer effectief 52
8. De afwerking: een goede brief heeft stijl 66

Deel 2 Oefenopdrachten 73

Inleiding 74

1. Informatie verstrekken 77
   Voorbeeldcase F & NF SUPER 77
   Herschrijfopdracht PUEM 81
   Case 1 The Flying Dutchman 82
   Case 2 Niceware Consultants Group 83
   Case 3 Dupont 85

2. Goodwill kweken 87
   Voorbeeldcase Van Heyningen Nederland BV 87
   Herschrijfopdracht Gemeente Linschoten 92
   Case 4 Rabo-bank 93
   Case 5 SBSOFT 94
   Case 6 Interchemie 95
   Case 7 VENEX 97
   Case 8 Immervers 98

3 Oproepen tot medewerking *100*
   Voorbeeldcase Marx International *100*
   Herschrijfopdracht Firma Container Reiniging *105*
   Case 9   Helmondia 106
   Case 10 Computercentrum Uniebanken 107
   Case 11 Bodylanguage 109

4 Klachten melden en behandelen *112*
   Voorbeeldcase EVEX BV *113*
   Herschrijfopdracht Goldewijk Bouwgroep *116*
   Case 12 Haringsma versus Monter 118
   Case 13 Van den Bergh & Jurgens 119
   Case 14 Molensloot BV 121
   Case 15 Janssen versus Schrauwen 122
   Case 16 BOVAG 123

5 Slecht nieuws brengen *126*
   Voorbeeldcase Palmer Trading Company *127*
   Herschrijfopdracht Procter & Gamble Benelux *130*
   Case 17 Sporting Life 131
   Case 18 DOMUS 132
   Case 19 Instal BV 133
   Case 20 Hermansziekenhuis 135

Literatuurlijst *137*

Woord vooraf bij de tweede druk

In tien jaar tijd werden grammofoonplaten cd's; computers pc's en laptops; en moest tien jaar terug nog uitgelegd worden wat een fax was; e-mail neemt daar al weer de plaats van in. Vandaar dat het hoog tijd was om dit boekje up-to-date te maken.
Een kleine twintig jaar leservaring leverde stof genoeg voor inhoudelijke uitbreiding. Hiervoor zijn we onze studenten dankbaar.
Verder gaat onze dank uit naar alle studenten, oud-studenten en collega's die ons van bruikbaar case-materiaal hebben voorzien.

Wij hopen dat deze tweede druk van *Effectieve Zakenbrieven* met evenveel plezier en enthousiasme gebruikt zal worden als de eerste druk.

Inleiding

Voor u ligt een boek waarmee u zich kunt oefenen in het schrijven van effectieve zakenbrieven. Voordat we op dit onderwerp ingaan, leggen we u eerst uit wat we met dit boek wel en niet beogen en hoe het is opgebouwd.

Wat dit boek wel en niet beoogt

In goed, praktijkgericht schrijfvaardigheidsonderwijs zijn naar onze mening twee dingen nodig:
1 De student moet adviezen, richtlijnen en normen aangereikt krijgen. Deze moeten hem of haar helpen een antwoord te vinden op twee vragen: hoe ziet een goed schrijfproduct (een zakenbrief) eruit en wat moet of kan ik doen om zo'n product te vervaardigen?
2 De student moet realistische oefeningen aangeboden krijgen. Deze oefeningen moeten zo nauw mogelijk verband houden met de latere beroepspraktijk van de student.

Wat 1 betreft: er zijn uitstekende publicaties voorhanden waarin adviezen, richtlijnen en normen voor schriftelijke communicatie zijn opgenomen. Steehouder e.a. (1992) hanteren een proceduregerichte aanpak, waarin de auteurs uiteenzetten welke achtereenvolgende stappen de schrijver moet of kan zetten op weg naar een goed eindproduct. Lesikar (1980) pakt het heel anders aan. Zijn handboek is specifiek op zakelijke correspondentie toegesneden en bevat voortreffelijke informatie over hoe de zakenbrief eruit moet zien. Titels van andere publicaties, waarvan de één meer procesgericht is en de ander meer productgericht is, vindt u in de literatuurlijst achterin het boek.
Wat 2 betreft: er zijn niet veel publicaties met veel praktijkgerichte *oefenopgaven*. In de meeste adviesboeken zijn oefeningen slechts bijzaak. Daarbij voldoen ze vaak niet aan de specificatie die we onder 2 noemen, namelijk: een nauwe band met de latere beroepspraktijk van de student. Herschrijf- of interpunctie-oefeningen zijn bijvoorbeeld uitermate nuttig als het gaat om het verwerven van basis-

vaardigheden, maar ze vormen natuurlijk niet het oefenmateriaal dat de student adequaat toerust voor diens latere beroepspraktijk. Om dat hooggestelde doel te bereiken zijn oefenopdrachten nodig die de student in realistische situaties plaatsen, waarin daadwerkelijk gecommuniceerd moet worden. De praktijk geldt als de beste leermeester, aan de onderwijsgevende dus de taak om de praktijk zo goed mogelijk te simuleren.

Deze noodzaak is de eerste bestaansreden van dit boek. *Effectieve zakenbrieven* bevat 20 cases waarin we u plaatsen in de rol van een leidinggevende in een bedrijf of instelling. Deze leidinggevende komt in de cases in aanraking met een probleem dat schriftelijke communicatie nodig maakt. Door deze rol consequent en met overgave te spelen, kunt u leren adequaat met zulke problemen om te gaan en effectief te communiceren.
Een tweede bestaansreden ligt in het verlengde hiervan. Als het erom gaat dat u brieven leert schrijven die in de praktijk *werken*, dan moet ook *effectiviteit* een consequente richtlijn zijn bij het oefenen van uw schrijfvaardigheid. Effectiviteit moet dan ook de norm zijn bij het beoordelen van zakenbrieven. In dit opzicht schieten bestaande adviesboeken nog wel eens tekort. Uiteindelijk zijn ze ook geschreven door neerlandici, voor wie goed Nederlands een bijna natuurlijke invalshoek is. Onze ervaring is echter, dat bijvoorbeeld bedrijfskundestudenten het argument 'Dat is geen goede zin', sceptisch aanhoren. 'Dat zal in de praktijk niet werken', is een opmerking die hen wel alarmeert. In dit boek proberen we consequent vanuit een praktische invalshoek naar zakelijke correspondentie te kijken.

Met deel 1, dat adviezen voor het schrijven van zakenbrieven bevat, willen we bereiken dat u als student gevoelig wordt voor een aantal factoren die het succes van een zakenbrief bepalen. *Volledigheid* is daarbij niet het uitgangspunt, *relevantie* wel. We hebben ons geconcentreerd op zaken, die voor aspirant-schrijvers de grootste belemmering vormen op weg naar de goede zakenbrief.
De adviezen zijn dus niet bedoeld als systematische beschrijving van een procedure die de student kan doorlopen op weg naar een goede zakenbrief. Proceduregerichte handboeken als Steehouder e.a. (1992) bieden de zakelijke correspondent in dit opzicht voldoende houvast. Eventueel kunnen beide boeken in combinatie gebruikt worden. Evenmin zijn de adviezen bedoeld als een uitputtend hoe-het-eigenlijk-hoort voor briefschrijvers.

De opbouw

In deel 1 volgen na de inleiding acht hoofdstukken met richtlijnen en adviezen voor het schrijven van zakenbrieven. In deel 2 zijn 5 voorbeeldcases, 5 herschrijfopdrachten en 20 cases opgenomen.
In hoofdstuk 1 geven we een korte uiteenzetting over het kiezen van het juiste communicatiekanaal. In hoofdstuk 2 geven we aan dat het schrijven van een effectieve zakenbrief meer behelst dan een kwestie van goed Nederlands. We poneren daar het principe dat een zakenbrief twee soorten doelen dient:
1 kortetermijndoelen (het regelen van de zaak in kwestie);
2 langetermijndoelen (bijvoorbeeld het kweken van goodwill).
In de daarop volgende hoofdstukken behandelen we de vraag *hoe* dit principe gerealiseerd kan worden.
In hoofdstuk 3 vragen we om te beginnen uw aandacht voor de begrippen *klantvriendelijk* en *servicegericht*. In hoofdstuk 4 behandelen we misschien wel de belangrijkste vuistregel voor zakelijke correspondentie: verplaats u in de lezer. In hoofdstuk 5 geven we aan hoe u bij het schrijven ook rekening kunt en moet houden met uw eigen positie en met de positie van uw organisatie. Hoofdstuk 6 is gewijd aan het structureren van uw zakenbrief. Voor verschillende soorten brieven worden structuuradviezen gegeven. Hoofdstuk 7 biedt een aantal adviezen op het gebied van formulering. We beperken ons daarin zeer nadrukkelijk tot die kwesties, waarvan we gemerkt hebben dat ze voor studenten bijzonder problematisch zijn. In hoofdstuk 8 stellen we ten slotte nog enkele kwesties over de verzorging van uw brief aan de orde. Een goede brief heeft namelijk stijl.
Deel 2 begint met een korte inleiding, waarin we uiteenzetten wat voor oefenopdrachten precies zijn opgenomen en hoe u er het best mee kunt omgaan. De opdrachten zijn verdeeld in vijf categorieën:
1 informatie verstrekken
2 goodwill kweken
3 oproepen tot medewerking
4 klachten melden en behandelen
5 slecht nieuws brengen.

Deel 1 Adviezen

Kies het juiste kanaal

GILDA DROP- EN SUIKERWERKFABRIEKEN B.V.

TELEFOON 010-150055 • POSTGIRO 14 49 34 • TELEGRAMADRES GILDA ROTTERDAM • TELEX 23764GILDA NL • BANKIERS AMRO BANK • KANT. MATHENESSERWEG • REK NR 47.55.25.859

| UW REF | ONZE REF | LJG/hs | 3002 AA ROTTERDAM SCHUTTEVAERWEG 122 POSTBUS 6001 | 27 juli 1982 |

Geachte mevrouw/heer

Zoals U bekend, moest ik U eind maart helaas mededelen dat de omzet ver beneden de verwachtingen c.q. de prognose voor 1982 bleef.

Het is ons niet gelukt om, ten gevolge van de huidige economische recessie als ook de moordende concurrentie binnen onze branche, de omzet op te vijzelen, waardoor de verkopen maandelijks terug liepen met het gevolg steeds groter wordende verliezen.

Deze gang van zaken heeft mij ertoe gedwongen zelf het faillissement van Gilda aan te vragen; te verwachten is dat vandaag het faillissement wordt uitgesproken, hetgeen betekent dat het bedrijf definitief gesloten wordt.

Om voor een werkloosheidsuitkering in aanmerking te komen moet U zo spoedig mogelijk een aanvraag indienen bij de Bedrijfsvereniging en tevens dient U zich als werkzoekende te laten inschrijven bij het Gewestelijk Arbeids Bureau (GAB). Verdere mededelingen zult U eventueel van de curator ontvangen.

Het behoeft geen betoog hoe zeer ik deze ontwikkeling betreur en ik wil U allen en in het bijzonder diegenen die (ook al voor mijn vader) zich met hart en ziel voor het Gilda-bedrijf hebben ingezet, nogmaals danken voor Uw medewerking in de afgelopen jaren.

Ook wens ik U en Uw familie veel sterkte in deze komende moeilijke periode en ik hoop oprecht dat het U moge lukken om spoedig een passende functie elders te kunnen vervullen.

Hoogachtend,
GILDA DROP- EN SUIKERWERKFABRIEKEN B.V.

L.J. Gillet
algemeen directeur

H.R. R'dam 63732

Nog stijf van het urenlange autorijden staat u, onwennig, weer in uw huiskamer. De buurvrouw heeft de planten keurig verzorgd en de post en de kranten liggen netjes gesorteerd op tafel. Verwachtingsvol grijpt u naar de stapel brieven en ansichten. Twee rekeningen van het gasbedrijf, een winnend lot van Lecturama. Tante Henny doet u de hartelijke groeten uit Kufstein. En ook uw werkgever heeft klaarblijkelijk aan u gedacht...

Wellicht vindt u het vreemd, maar we beginnen dit boek over zakenbrieven met het advies in bepaalde gevallen vooral geen zakenbrief te schrijven. Dat de nevenstaande brief beter ongeschreven had kunnen blijven, lijkt ons vanzelfsprekend. Een directeur die zijn personeel ontslag aanzegt, zou moeten beseffen dat een destijds nog gestencilde brief, in vakantietijd verstuurd, geen passend communicatiemiddel is. Een toespraak bijvoorbeeld zou persoonlijker – en, in dit geval, beter zijn geweest. Niet dat de boodschap daardoor minder hard aangekomen zou zijn, maar de betrokken directeur zou dan tenminste getoond hebben zijn verantwoordelijkheid ten volle te dragen. Door het gekozen communicatiekanaal wekt hij de indruk die verantwoordelijkheid te ontlopen. Heel wat werknemers zullen gedacht hebben dat de directeur hen niet eens onder ogen heeft durven komen.

Ook in minder extreme gevallen kan het raadzaam zijn geen brief te schrijven, of niet *uitsluitend* een brief als communicatiemiddel te kiezen. In een organisatie staan u legio communicatiemiddelen ter beschikking. Memo's, notities, rapporten, telegrammen, standaardformulieren, posters of briefjes op het prikbord, vergaderingen, bijeenkomsten, tweegesprekken of telefoontjes, computernetwerken en telekopiers. Elk van deze middelen heeft zijn eigen voor- en nadelen. Bij de keuze dient u met allerlei vragen rekening te houden. Bijvoorbeeld:
- Verwacht ik antwoord?
- Moet het snel?
- Wat mag het kosten?
- Communiceer ik intern of extern?
- In hoeverre is de informatie vertrouwelijk?

Gaat het om informatie die belangrijk is en *ingrijpend* voor de ontvanger of de zender, dan is een persoonlijk gesprek te verkiezen, al dan niet in combinatie met een brief. Een personeelsbeoordeling is typisch een situatie die niet uitsluitend schriftelijk kan worden afgedaan. Ook als u communiceert over een bevordering of juist het mislopen daarvan, over aanname en ontslag, over delicate problemen binnen en buiten de werksfeer, geldt in veel gevallen dat een brief hooguit kan dienen ter ondersteuning van hetgeen er in een gesprek gezegd zal worden of als vastlegging van wat er gezegd is. Is er haast in het spel, dan bieden de moderne communicatiemiddelen u tal van mogelijkheden. U kunt bijvoorbeeld uw filiaal in Hoeilaart (België) met een fax vandaag nog voorzien van het zojuist ontworpen standaardcontract voor de verkoop van bulkpartijen veekoeken. Wilt u de mening van verschillende personen tegelijk peilen, dan is een vergadering of bijeenkomst het aangewezen middel.

Zit u dringend om antwoord verlegen, dan is een zakenbrief ook niet het ideale middel. *Telefoon, fax, e-mail* of indien mogelijk 'even binnenlopen' zijn dan vanzelfsprekend effectiever. Betreft het een korte mededeling, bijvoorbeeld aan een naaste collega, dan is een kort memo te verkiezen boven een omstandige zakenbrief.

Er zijn, kortom, tal van communicatiesituaties en voor elke situatie kunt u een keus maken uit een rijk aanbod van kanalen, elk met hun eigen voor- en nadelen. Ons advies is dan ook dat u, voordat u naar pen of toetsenbord grijpt, de situatie analyseert. Een van de eerste beslissingen die u op grond van die analyse moet nemen, is via welk kanaal u wilt communiceren.

Op deze vraag naar de kanaalkeuze gaan we in dit boek niet nader in. In de cases in deel 2 wordt steeds van u verwacht dat u een brief schrijft. U dient zich wel af te vragen of een zakenbrief *alleen* voldoende is.

2 Effectieve zakenbrieven: meer dan een kwestie van goed Nederlands

Hoe hoort het eigenlijk? is een van de meest gehoorde vragen op het gebied van schriftelijke communicatie. Brandende kwesties houden op menig kantoor de gemoederen bezig:
- Mag je een brief nooit met ik beginnen?
- Voor *en* mag je toch geen komma plaatsen?
- Een hoofdletter na een dubbele punt. Dat hoort toch helemaal niet?
- Moet de ondertekening van een brief nou links staan of juist rechts?

Dat er veel vragen bestaan, blijkt uit het feit dat wij geregeld gebeld worden vanuit bedrijven en instellingen om *weddenschappen* over taalvragen te beslechten.
Op zichzelf is het verheugend dat er zoveel aandacht bestaat voor *correct* communiceren. Correctheid is inderdaad een belangrijke norm in het taalverkeer. Maar we moeten terdege beseffen dat correct communiceren nog niet *effectief* communiceren betekent. Een perfect verzorgde en geheel foutloze brief kan ondanks die perfecte verzorging zijn doel volledig voorbijschieten. Ook in uiterst correct Nederlands kan een boodschap worden overgebracht die de ontvanger in het verkeerde keelgat schiet. Slechte argumenten overtuigen niet. Ook niet wanneer ze in goed Nederlands zijn vervat.
In dit boek kijken we vooral naar zakelijke correspondentie vanuit een oogpunt van *doeltreffendheid*. Met een *goede brief* bedoelen we *een brief die het doel bereikt dat de schrijver zich gesteld heeft*, of althans een brief die een optimale bijdrage levert aan het bereiken van dat doel. Een sollicitatiebrief die bewerkstelligt dat de schrijver onmiddellijk uit het kandidatenbestand wordt verwijderd, vinden wij een slechte sollicitatiebrief. Ook als deze geschreven is zonder een enkele taalfout. Een orderbevestiging die weliswaar de juiste informatie bevat, maar een onprofessionele indruk maakt op een klant, vinden wij een slechte orderbevestiging.
Bij onze adviezen, analyses en voorbeelden zullen we steeds dit criterium van doeltreffendheid hanteren. Uiterst belangrijk is daarbij het besef, dat in bedrijven en instellingen niet alleen *kortetermijn-*

doelen een rol spelen. Een orderbevestiging doet meer dan alleen een order bevestigen: ze bepaalt *op langere termijn* mede het beeld dat de ontvanger van de schrijver en diens organisatie heeft. Vandaar dat een amateuristisch verzorgde orderbevestiging onaanvaardbaar is. Op termijn schaadt het een organisatie, ook in haar primaire doelen, wanneer zij zich amateuristisch aan relaties en publiek presenteert.

Dat er bedrijven en instellingen veel aan gelegen is dergelijke langetermijndoelen in te passen in het totale beleid, blijkt bijvoorbeeld uit het feit dat public relations steeds professioneler worden aangepakt. Het is ook steeds meer *noodzaak* geworden te beschikken over grote en goed georganiseerde PR-afdelingen. Het schrijven en verspreiden van persberichten, de coaching van in de publiciteit tredende directieleden, het ontvangen en te woord staan van externe groepen die contact met de organisatie zoeken, het maken van voorlichtingsfilms – allemaal activiteiten die tot doel hebben goodwill te kweken bij het publiek.

Uw zakenbrief moet in dit kader passen. Het mag niet voorkomen dat de PR-afdeling van uw bedrijf zich inspant om bij externe publieksgroepen een positief beeld te creëren, terwijl u een brief de deur uit doet die het tegendeel bewerkstelligt. Elke brief die uw organisatie verlaat, dient in voldoende mate bij te dragen aan de PR-doelen die uw organisatie zich gesteld heeft. Vandaar dat aan elke goede zakenbrief twee belangrijke eisen gesteld kunnen worden. Een goede zakenbrief moet effectief zijn op twee niveaus: het niveau van de *zaak-in-kwestie* en het niveau van de *organisatie-op-langere-termijn*. Een orderbevestiging moet de order adequaat bevestigen. Een offerte moet een duidelijk en gespecificeerd beeld geven van aanbod, prijs en leveringsvoorwaarden. Beide moeten ze nog meer doen, namelijk bij de lezer de indruk vestigen van een professionele, dynamische organisatie, waarmee het plezierig zakendoen is.

Om dit uitgangspunt, dat we voor het gemak het *PR-principe* noemen, te illustreren, tonen we u op pagina 17 een offerte die ons door een niet nader aan te duiden softwarebureau werd toegezonden. Beoordeelt u zelf de effectiviteit van deze brief op de twee zojuist genoemde niveaus. (In de voorbeelden zijn namen, adressen en dergelijke vervangen door zwarte puntjes.)

Hoe het u vergaat, weten we niet, maar bij ons roept deze brief geen associaties op met de termen professioneel, dynamisch en betrouwbaar. De inhoud van de offerte is, ondanks de taalfouten, redelijk duidelijk. Verder boezemt de brief echter weinig vertrouwen in. Wie software aanschaft voor een professionele organisatie, weet dat onderhoud een sleutelwoord is. Bij geconstateerde problemen of

| : : : : INTERNATIONAL |

Nieuw adres:
Postbus ....
Telefoon ....
Telex ....

t.a.v. Mevr. ....

bank: nmb ....
Rek.nr ....
Postgiro ....
Friesland Bank nr. ....
Telex nr: ....

uw ref.: **tel.: 27-8-1995**
onze ref.: ....

datum: **30 augustus 1995**

Geachte Mevrouw....

Naar aanleiding van het telefonisch onderhoud d.d. 27-8-95, doet het ons een genoegen u bijgaand onze offerte te doen toekomen m.b.t. levering van PC-File, PC-Write en PC-Calc.

Prijzen zijn afhankelijk van afname en combinaties.

Combinatie PC-Write en PC-Calc of PC-File per 100 stuks ƒ ....
Combinatie PC-Write en PC-Calc of PC-File per 50 stuks ƒ ....

Combinatie PC-File en PC-Calc gelijk als hierboven.

Bij een combinatie pakket ontvangt u per stuk 2 floppy disks, 2 manuals met de naam .... ingebakken in de programma's.
Tevens wordt er op de sticker de logo van .... afgebeeld op de floppy disk.

Betaling geschiedt na ontvangst product, binnen 8 dagen franco huis.

Ingesloten doen wij u toekomen 1 x PC-Write demo, de demo versies van PC-Calc en PC-File worden spoedig na gestuurd.

Vertrouwen u hiermede een passend voorstel te hebben gedaan, verblijven wij,

Hoogachtend
....

[handtekening] ....

Ingeschreven K.v.K. te Leeuwarden nr. ....

onduidelijkheden moet de verkoopinstantie onmiddellijke service kunnen bieden. Onwillekeurig brengt de rommelige verzorging van deze brief de klant op dit punt aan het twijfelen. Het briefhoofd oogt ronduit amateuristisch en met name de slordige briefopbouw trekt de aandacht. Terwijl het, nota bene, om een offerte van onder andere *tekstverwerkings*programmatuur gaat. De conclusie moet dus luiden, dat deze brief op beide niveaus tekortschiet. Als offerte overtuigt hij maar ten dele en als visitekaartje in het geheel niet. In enkele volgende paragrafen komen we op deze problematiek nog uitgebreid terug.

Een nadrukkelijke kanttekening is dat een pleidooi voor doeltreffendheid als norm uiteraard geen pleidooi *tegen* correctheid is als norm. Integendeel. Een brief in slecht Nederlands zal zelden doeltreffend zijn. Correctheid is in veel gevallen een *noodzakelijke voorwaarde* voor doeltreffendheid, maar een *voldoende voorwaarde* is het vrijwel nooit. Naast foutloos Nederlands zijn er tal van andere kwalificaties waaraan een doeltreffende zakenbrief moet beantwoorden: een juiste selectie van informatie, een goede keuze van argumenten, een passende structuur, een passende psychologische aanpak enz. Een goede zakenbrief schrijven is duidelijk meer dan een kwestie van goed Nederlands.

Wat dit 'meer' inhoudt, komt in de volgende hoofdstukken aan de orde wanneer we proberen een aantal vuistregels en sleutelwoorden uit te leggen en inzichtelijk te maken. We beginnen met een kwestie die zeer belangrijk is in zakelijke correspondentie: hoe kunt u *klantvriendelijk* en *servicegericht* schrijven? Het belang hiervan wordt de laatste jaren steeds meer ingezien.

3) Schrijf klantvriendelijk en servicegericht

In een van de leukste winkelstraten van Utrecht zijn twee winkeliers gevestigd die zich specialiseren in broodbeleg: De Beleggingsspecialist en Het Kaasboertje. Het assortiment in beide winkels is uitgebreid en goed van kwaliteit. De prijzen verschillen niet noemenswaardig. Wanneer u bij De Beleggingsspecialist een pondje boerenkaas bestelt, snijdt hij eerst een hoekje af zodat u de smaak kunt beoordelen. Hij pakt uw boodschappen keurig voor u in, ook het brood dat u zojuist bij de bakker ernaast gehaald heeft. Sjouwt u met een volle tas, dan houdt hij de deur voor u open. Behalve de vriendelijke groeten krijgt u steevast een Utrechtse volkswijsheid mee voor onderweg.
Het Kaasboertje is anders ingesteld. Een wat nors persoon, die niet erg gelukkig lijkt met zijn winkeliersbestaan. Kortaffe conversatie is zijn handelsmerk. Kaas *proeven*? Zelf weten, maar ze zijn toch allemaal hetzelfde. Een tasje? Die hangen achter je. Vijfentwintig cent. En wil je daar in het vervolg vóór het afrekenen om vragen?
U mag raden waar wij onze boodschappen doen.

Sommige briefschrijvers schijnen te denken dat de begrippen *zakelijk* en *vriendelijk* elkaar uitsluiten. Dat persoonlijke aandacht en service overbodige luxe zijn, die alleen maar tijd en geld kosten. In het vorige hoofdstuk hebben we al aangegeven hoe belangrijk *service* en *goodwill* zijn voor een organisatie. Aandacht voor de klant is niet alleen een kwestie van normale menselijke verhoudingen, maar ook een noodzakelijk onderdeel van succesvol zakenverkeer. Want niet alleen *wij* doen onze boodschappen liever bij De Beleggingsspecialist: in zijn winkel is het *altijd* veel drukker.

In dit hoofdstuk laten we zien hoe u klant- en servicegericht kunt schrijven. Natuurlijk is *respect* voor uw klanten en zakenpartners een eerste vereiste. Vervolgens is het belangrijk dat u het begrip *service* ook daadwerkelijk invult.

Toon respect voor uw lezer

In alle opzichten moet u tonen dat u de lezer van uw brief serieus neemt. We kunnen ons voorstellen dat u dit een open deur vindt, een advies dat nauwelijks de moeite van het noteren waard is. Een kleine twintig jaar schrijfonderwijs heeft ons echter een flinke lijst bezorgd van denigrerende, diskwalificerende, paternalistische of zelfs ronduit beledigende opmerkingen in zakenbrieven. Heel wat beginnende schrijvers verraden zo, dat zij geen hoge dunk hebben van hun publiek, en schaden daarmee én het beoogde directe effect én het PR-effect van hun brief. Kijk bijvoorbeeld naar de volgende passage uit een klaagbrief.

> 'Het is onbegrijpelijk dat u niet inziet dat de fout bij uw bedrijf ligt. In uw laboratoria zijn grove blunders gemaakt. Blunders die nu voor ons bedrijf tot uitermate grote schade geleid hebben.'

Op deze manier jaagt de schrijver de lezer onmiddellijk tegen zich in het harnas. Bereidheid om constructief over een oplossing na te denken wordt op deze wijze zeker niet gewekt. En zonder die bereidheid laten schadegevallen zich doorgaans moeilijk oplossen. In het Nederlandse rechtssysteem eindigen de meeste schadegevallen in een zogenoemde schikking. Hoe welwillend zou u zo'n schikkingsgesprek ingaan, wanneer u in de voorafgaande weken dit soort correspondentie op uw bureau had gekregen? U kunt als schrijver en klager een heel begrijpelijke irritatie hebben opgebouwd en het kan dan moeilijk zijn deze niet door te laten klinken in uw brief. U dient echter altijd te bedenken, dat een scheldkanonnade maar hoogst zelden leidt tot een oplossing.
Hoe denigrerende of neerbuigende opmerkingen vermeden kunnen worden, kunt u zien in de volgende twee tekstparen.

(FOUT) Als u de nota-Beijaard goed gelezen had, dan zou u weten dat het herbezettingspercentage slechts 20 bedraagt.

(GOED) Het herbezettingspercentage bedraagt slechts 20. U kunt dit en andere kerngetallen tevens vinden in hoofdstuk 2 van de nota-Bijaard.

(FOUT) Kennelijk bent u niet op de hoogte van de recente ontwikkelingen in de chemische industrie. Terwijl er toch in de media vaak genoeg op gewezen wordt dat er tal van andere manieren zijn om afval te zuiveren, gaat u er nog van uit...

GOED In uw brief geeft u uiting aan uw bezorgdheid over de veronderstelde gevolgen van onze vestiging in Driestroom. Wij delen uw bezorgdheid over milieuzaken. Vandaar dat wij u graag op de hoogte stellen van de verschillende methoden voor afvalzuivering die wij de laatste jaren ontwikkeld hebben...

U geeft evenmin blijk van achting voor uw lezers als u goedkope smoezen of doorzichtige argumenten aandraagt. Als u, met andere woorden, laat merken dat u het gezonde verstand van uw lezers onderschat. Nogal wat beginnende briefschrijvers proberen lastige situaties recht te praten via zinnetjes als de volgende.

FOUT In de maanden juli en augustus werken we altijd met vakantiehulpen. Die hebben kennelijk verzuimd...

Uw brief van 18 augustus jl. heeft ons eerst op 12 september bereikt. Vandaar dat wij u nu pas meedelen...

Zijn er in uw organisatie fouten gemaakt, dan is het doorgaans duidelijk wie daar de verantwoordelijkheid voor draagt. Het afschuiven van deze verantwoordelijkheid werkt averechts en geeft de lezer de indruk dat u diens onderscheidingsvermogen onderschat. Klantvriendelijk schrijven wil ook zeggen dat u uw lezer serieus neemt.
U solliciteert bijvoorbeeld bij een bedrijf. In de advertentie is sprake van een vacaturecommissie en u richt uw brief aan deze commissie. 'Mijne heren....'. U wordt per omgaande afgewezen. De commissie bleek namelijk voor de helft uit vrouwen te bestaan en die hadden zich behoorlijk nijdig gemaakt over uw aanhef. Natuurlijk had u het niet als blijk van minachting bedoeld, maar kunt u zich voorstellen dat de betrokkenen het zo hebben ervaren?
De volgende voorbeelden laten zien u hoe u verborgen en minder verborgen vormen van discriminerend taalgebruik kunt vermijden, zonder in lelijke constructies als timmer*mens* te vervallen.

FOUT Ieder bestuurslid weet toch hoe hij in een dergelijke situatie behoort te handelen.

GOED Directieleden weten toch hoe zij in dergelijke situaties behoren te handelen.

(FOUT) Iedere medewerker moet zijn vakantie vóór 1 maart opgeven.

(GOED) Wilt u uw vakantie vóór 1 maart opgeven?

De briefopening 'Mijne heren' moet u alleen gebruiken als u zeker weet dat u uitsluitend aan heren schrijft. Gezien het toenemende aantal vrouwen in alle lagen van het bedrijfsleven zal dat overigens niet vaak meer voorkomen.

Service: doe meer dan er van u verwacht wordt

Service verlenen betekent uiteraard dat u, indien dat mogelijk en redelijk is, tegemoet komt aan verzoeken om medewerking, vragen om informatie en dergelijke. Een positief antwoord is voor de betrokkene vanzelfsprekend goed nieuws en zal diens houding ten opzichte van u en uw organisatie welwillend maken. U kunt dit goodwill-effect nog versterken door op eenvoudige wijze iets extra's te doen. Vergelijk bijvoorbeeld de volgende slotzinnen:

(FOUT) Hopende u aldus voldoende ingelicht te hebben, verblijven wij inmiddels...

(GOED) We hopen dat deze gegevens kunnen bijdragen aan uw onderzoek. Mocht u additionele informatie nodig hebben, dan zou bijvoorbeeld het Academisch Computercentrum Utrecht u verder kunnen helpen...

Vergelijk ook de volgende twee briefjes.

(FOUT) Ingesloten gelieve u de door u bestelde prijslijst van onze Black-Line-collectie aan te treffen. We maken u erop attent dat de itemnummers BL207 en BL211 niet langer leverbaar zijn.
Hopende... (enz.)

(GOED) Hierbij treft u de prijslijst van onze Black-Line-collectie aan. Alle items, behalve de nummers BL207 en BL211, zijn uit voorraad leverbaar. Met enige trots brengen wij ook onze nieuwe Blue Dot-collectie onder uw aandacht, die in het najaar gelanceerd zal worden. De bijgesloten brochure biedt u alvast een goede indruk. Zodra u uw keuze bepaald hebt, zullen wij u graag van dienst zijn.

Nog veel belangrijker is een positief, servicegericht slot wanneer u minder goed nieuws moet brengen. In zulke gevallen is het vaak de enige mogelijkheid om bij de lezer de nodige goodwill te handhaven. Doe bijvoorbeeld een alternatief aan de hand.

FOUT Het spijt ons dat wij u de gevraagde gegevens niet kunnen verstrekken.
Hoogachtend...

GOED Het spijt ons dat wij u de gevraagde gegevens niet kunnen verstrekken. Misschien kan de Branche-afdeling van het VNO wel aan uw verzoek voldoen. We wensen u succes, want – nogmaals – uw onderzoek lijkt ons zeer belangrijk.

U ziet dat het u niet veel moeite hoeft te kosten om uw brief attent en servicegericht te maken. Dat u op deze manier een plezierig en positief beeld opbouwt van uw organisatie, zal eveneens duidelijk zijn. Aan de voorbeelden heeft u al kunnen zien dat in een goede zakenbrief de *lezer* centraal staat. Waarom dit belangrijk is en hoe u dit kunt realiseren, zien we in het volgende hoofdstuk. Eerst echter nog een voorbeeld van een brief waarin het advies 'toon respect voor uw lezer', wel wat beter nageleefd had kunnen worden. Zie hiervoor met name de alinea's 5 en 6. Het advies 'doe meer dan van u verwacht wordt', is daarentegen wel goed opgevolgd.

5580 AA Waalre
Nederland
Postbus 27

Fabriek en showroom:
5581 GK Waalre
Markt 8

Tel. 04904-14434*
Tel. bestellingen 14126
Telex 51018 wadix nl
Fax 04904-12247

Vallen Wonen
Kalverstraat 8
3481 ES Harmelen

Waalre, 30 augustus 1995

Mijne heren,

Betreft: klacht op gordijnstof.

Ter beoordeling ontvingen wij van u een gordijn gemaakt van onze kwaliteit Shima.

Uw cliënt claimt, voor zover wij kunnen beoordelen, een krimp van 9 cm.

Zoals in onze in- en verkoopgegevens is opgenomen, raden wij een zorgvuldige reiniging aan onder voorwaarden, uit welke voorwaarden wij graag twee zaken willen citeren, te weten:
- wastrommel slechts voor 1/3 vullen;
- indien nodig strijkbehandeling volgens voorschrift. Altijd in de lengterichting strijken.

Wij zijn van mening dat de opgetreden krimp zijn oorzaak vindt in een niet oordeelkundige reinigingsbehandeling en er dus géén sprake kan zijn van door ons geleverde niet goed te reinigen stof.

Door het feit dat er teveel stof in de wasmachine werd gestopt (het gordijn weegt ruim 2,5 kg!!) kan er geen sprake meer zijn van een juiste 'vlotverhouding', een situatie waarbij de te reinigen stof zich vrij kan bewegen in de reinigingsvloeistof. Als gevolg van deze onjuiste 'vlotverhouding' treden o.a. extra krimp en kreuk op.

Bankiers:
I.N.G. rek.nr. 68.27.65.007
ABN-AMRO rek.nr. 52.72.41.466
Postrekening 1 08 11 20

K.v.K. Eindhoven nr. 21353

BTW nr. NL 001353342 B43

Graag attenderen wij u op de mogelijkheid welke een aantal gespecialiseerde gordijnreinigingsbedrijven bieden, nl. het middels een gordijnstrekker weer op lengte brengen van gekrompen gordijnen. Te noemen in dit verband is o.a. Texoclean, Ugchelseweg 11, Apeldoorn. Tel.nr. 055 - 332234, welk bedrijf in het bezit is van zo'n machine.
Uw cliënt is daar in bekwame handen.

In het vertrouwen u met bovenstaande uiteenzetting van dienst te hebben mogen zijn, tekenen wij,

met vriendelijke groeten,
International Kendix Textiles BV

P. Thier

Bijlage: gordijn Shima.

C.C.: Hr. de Vrind

4 Verplaats u in de lezer

U schuift achter uw bureau. Het blanke blocnotevel blinkt u uitnodigend tegemoet. Uw lievelingspen ligt weer lekker in de hand, en in trots koningsblauw kalligrafeert u een zwierige aanhef. U schrijft een brief. Maar *communiceert* u ook?
De grote afwezige in dit tafereel is de *lezer*. Degene die uw brief straks gaat ontvangen en bij wie u kennelijk iets wilt bereiken, bijvoorbeeld: bereidheid tot het plaatsen van een order, een veranderde opinie, sympathie, medewerking of wat al niet meer. Een brief schrijft u immers niet zomaar. Doorgaans gebeurt dat met een duidelijk doel. Wilt u dit doel verwezenlijken, dan mag u de lezer of de lezers van uw brief geen moment uit het oog verliezen.
Dat is zeker niet eenvoudig. Het is mensen nu eenmaal eigen vanuit hun persoonlijke situatie te denken en te handelen, en dus te schrijven. Eigen standpunten en voorkeuren voeren in een brief dan ook vaak de boventoon. Dit mag dan de gemakkelijkste aanpak zijn (onze eigen situatie kennen we immers het best), het is zeker niet de aanpak die in de meeste gevallen tot succes leidt.
In de volgende paragrafen geven we u tips, adviezen en voorbeelden hoe u *lezersgericht* kunt schrijven. Het basisprincipe is daarbij steeds hetzelfde: u stelt zich voor dat u in plaats van de *schrijver*, de *ontvanger* bent van de brief in kwestie. Welke informatie zou *u* in dat geval zeker in de brief willen aantreffen? Hoe zou *u* aangesproken willen worden? Bij welke passages voelt *u* zich geïrriteerd? Wat voor beeld roept deze brief op van degene die hem geschreven heeft? En wat is het beeld van de organisatie van waaruit hij geschreven is? Door deze wisseltruc steeds toe te passen kunt u een brief realiseren die publieks- en daardoor doelgericht is.
In de volgende paragraaf laten we zien op welke gebieden u deze vuistregel kunt toepassen.

De informatie die u kiest

> Het lijkt ons inderdaad een goed idee met u van gedachten te wisselen over deze vervelende kwestie. Wij stellen voor om op 24 juli om 11.00 uur een gesprek te houden in ons hoofdkantoor te Den Haag. We zijn ervan overtuigd dat een eerlijke en open gedachtenwisseling alle moeilijkheden uit de weg kan ruimen...

De schrijver treft een sympathieke toon, maar bij nadere beschouwing ontbreekt er wel het een en ander. Hoe vaak komt het niet voor dat een afspraak op zo'n slordige en onvolledige manier wordt gemaakt? Leest u het fragment nog eens door en stelt u zich daarbij voor dat u degene bent met wie de afspraak gemaakt wordt. Wilt u niet op zijn minst willen weten *hoe lang* dat gesprek gaat duren? *Wie* u daar te woord zullen staan en *wat voor functies* uw gesprekspartners hebben? Merk op dat dit allemaal zaken zijn die voor de *schrijver* van de brief vanzelf spreken. Die kan in zijn agenda zien hoeveel tijd er voor de afspraak gereserveerd is en die weet door wie de zaak in kwestie behandeld wordt. Maar de *lezer* ontbeert deze gegevens, terwijl ze wel nodig zijn voor een goede voorbereiding op het gesprek. In een goede brief dienen deze gegevens dus vermeld te worden.

De omgekeerde fout komt ook regelmatig voor. De schrijver vermeldt in de brief juist allerlei informatie waaraan de lezer geen enkele behoefte heeft, ingeleid door zinnen als: 'Zoals u weet...' en 'Ongetwijfeld heeft u vernomen...'. Zeer bont maakte het de student die, gelukkig in een case, als medewerker van IBM aan zijn directie het volgende schreef:

> 'Zoals u weet vervaardigt ons bedrijf al jaren computers...'

Natuurlijk is het goed om de nieuwe informatie in uw brief op te hangen aan iets wat de lezer al bekend is. Maar overdrijf dit niet: uw brief wordt dan al gauw slaapverwekkend. Overweeg ook of een directe stijl in zo'n geval niet beter overkomt dan dat eeuwige 'Zoals u weet'. Vergelijk bijvoorbeeld eens de volgende briefopeningen.

(FOUT) Zoals we u al eerder berichtten zijn we al een lange tijd bezig onze sales-afdeling te reorganiseren. Ongetwijfeld heeft u ook vernomen dat er een inspraakprocedure in gang is gezet, die – zoals bekend – al vele reacties heeft opgeleverd.

(GOED) Via hun afdelingsvertegenwoordigers hebben velen van u hun mening laten horen over de voorgenomen reorganisatie van de sales-afdeling...

In de inleiding hebben we betoogd dat we voorstanders zijn van de proceduregerichte aanpak zoals die door Steehouder e.a. (1992) wordt voorgesteld. Hierin wordt een belangrijke plaats ingeruimd voor de bouwplanmethode. Deze methode komt er in het kort op neer, dat u vóór het schrijven bepaalt welke thema's in uw tekst aan de orde moeten komen en welke vragen precies over die thema's beantwoord moeten worden. Het vaststellen van thema's en vragen gebeurt op basis van een grondige analyse van doel, publiek en situatie.

In deze paragraaf hebben we het belang van deze tweede factor gedemonstreerd. De informatiebehoefte van uw publiek is van cruciaal belang bij het selecteren van de informatie in uw brief.

De argumenten die u aandraagt

Wie probeert zijn lezer(s) ergens van te overtuigen of tot iets te bewegen, zal argumentatie moeten aandragen. Argumentatie kan alleen het gewenste effect hebben wanneer deze is toegesneden op de lezer. Om dit duidelijk te maken dringen we u de rol van computerverkoper op. Hoe verkoopt u een PC aan een doorsnee Hollands (dus zuinig) echtpaar? Er zijn tal van argumenten die u als verkoper aan zou kunnen voeren:
- de moderne vormgeving, die het apparaat tot een sieraad maakt in een interieur van deze tijd;
- de onmisbaarheid van al die prachtige software. Het is toch niet meer mogelijk om zonder geautomatiseerd systeem op verantwoorde wijze je administratie bij te houden of je cd's te ordenen?
- de geavanceerde techniek en de degelijke uitvoering van het apparaat in kwestie;
- de prijs, die in vergelijking met de concurrentie beslist laag is.

We voorspellen u dat al deze argumenten een geringe overtuigingskracht hebben. Ze zijn misschien geschikt om iemand die al tot de aankoop van een PC besloten heeft, te bekeren tot een bepaald merk. Om de daadwerkelijke aankoopbeslissing te forceren, schieten ze hoogstwaarschijnlijk tekort. Om de simpele reden dat ze de aspirant-koper niet werkelijk *raken*.

Er is een sterker argument, een argument dat u ook gehanteerd ziet in de reclamecampagnes van vooraanstaande computerfabrikanten, namelijk: *de kinderen*. De kinderen blijven natuurlijk achter op school wanneer ze thuis verstoken zijn van een computer. Laat staan dat ze in dat geval ook maar enige kans op een redelijke baan hebben in de huidige geautomatiseerde wereld. Dit nu is een argument dat werkt. Welk ouderpaar kan de gedachte verdragen dat hun krenterigheid de toekomst van hun kind in de weg heeft gestaan?

Reclamemakers weten dat ouderliefde en de daaruit voortvloeiende schuldgevoelens belangrijke motiverende factoren zijn. Zij zoeken consequent naar dit soort diepe drijfveren, omdat ze de krachtigste hefbomen zijn voor de beïnvloeding van gedrag. Wie dus wil overtuigen, moet zich kunnen *inleven* in de te overtuigen persoon. 'What makes them tick?' is de hamvraag in persuasieve communicatie.

Dit geldt in zakelijke schriftelijke communicatie evenzeer als in de reclame. Wilt u als schrijver op de een of andere manier de mening of de houding van uw lezer(s) beïnvloeden, dan dient u argumenten aan te dragen die betrekking hebben op datgene wat uw lezer(s) beweegt. Dat zijn niet noodzakelijkerwijs argumenten die u zelf het meest overtuigend vindt. We illustreren dit aan de hand van twee versies van een brieffragment. De brief is afkomstig van de directie van een apparatenfabriek en heeft tot doel de verkopers in de buitendienst in te lichten over, en vooral te winnen voor, een nieuw beloningssysteem.

(FOUT) In haar vergadering van 17 mei jl. heeft de directie besloten dat er een nieuw beloningssysteem ingevoerd zal worden voor de sales-afdeling. De teruglopende verkopen, gecombineerd met een geconstateerde groei bij onze belangrijkste concurrenten, maken deze invoering noodzakelijk. In deze brief wordt uiteengezet hoe het nieuwe systeem precies werkt.

(GOED) Het huidige beloningssysteem voldoet niet langer, naar het oordeel van de directie. Hardwerkende verkopers die grote omzetten realiseren, vinden daarvan te weinig terug op hun salarisstrook. Het verband tussen prestatie en verdienste is onvoldoende merkbaar. De directie is voorstander van een beloningssysteem dat dit verband duidelijker maakt: een systeem dat u, verkoper, in de gelegenheid stelt bij goede verkoopprestaties extra te verdienen.

Het zal duidelijk zijn dat de schrijver van het tweede fragment het plan beter aan de betrokkenen verkoopt dan de schrijver van het eerste fragment. Natuurlijk zijn het overwegingen van strategische aard, die de directie doen besluiten tot wijziging van het beloningssysteem. De informatie in het eerste fragment is ook wel *correct*, maar de strategische perikelen van de directie mogen dan voor de *schrijver* zeer belangrijk zijn, ze vormen zeker niet de voornaamste zorg van de verkopers, die de *ontvangers* zijn van de brief. De consequenties voor hun eigen inkomen vinden zij heel wat interessanter en deze zijn dan ook een veel bruikbaarder argument. Echter wel een argument dat alleen gebruikt kan worden als de schrijver over voldoende inlevingsvermogen (mensenkennis) beschikt.

De stijl die u hanteert

Wanneer u bepaald heeft wat er precies in uw brief moet staan, wordt de volgende vraag actueel: *hoe* moet het er staan? Bij het formuleren dient de lezer ook weer als uitgangspunt genomen te worden. Vergelijk de volgende fragmenten.

(FOUT) WIJ hebben uw bestelling van 20 maart ontvangen. Vanmorgen hebben WIJ de bestelde goederen verzonden en WE verwachten dat deze overmorgen zullen worden bezorgd.

(GOED) De goederen die U op 20 maart besteld heeft, ontvangt U waarschijnlijk overmorgen. Twee containerschepen zijn naar U onderweg.

(FOUT) ONZE researchmedewerkers hebben jarenlang gewerkt aan de veiligheid van dit apparaat.

(GOED) U kunt dit apparaat met een gerust hart gebruiken: jarenlange research heeft voor een optimale veiligheid gezorgd.

Om het effect te vergroten, hebben we de persoonlijke voornaamwoorden kapitaal geschreven. De verschillende werking van de fragmenten zou ook zonder die ingreep zijn opgevallen. De klantgerichte benadering van de schrijver van het tweede fragment contrasteert sterk met de wat zelfvoldane opstelling van de schrijver van het eertse fragment. Het antwoord op de hamvraag – *Hoe zou u zelf het liefst behandeld worden?* – lijkt voor de hand te liggen. Zodat ook voor u als schrijver de keus uit de twee stijlvarianten niet moeilijk is.
Deze lezersgerichte stijl blijkt voor veel beginnende schrijvers een

aanzienlijk probleem. Een brief is immers zo'n prachtig middel om de wereld te tonen hoe gewichtig we zijn en hoe goed we de formele taal van het gezag beheersen. Wie van ons heeft niet eens na verloop van tijd een eigen brief teruggelezen en zich verwonderd afgevraagd welke autoriteit dit toch wel geschreven had? Imponeerzucht en dikdoenerij sluipen een brief gemakkelijk binnen. Een overdreven ik- of wij-stijl is vaak een symptoom daarvan. Probeer deze verraderlijke valkuil te ontlopen door u voortdurend te realiseren *welk doel* u met de brief in kwestie beoogt. In verreweg de meeste gevallen staat imponeergedrag het bereiken van dat doel namelijk in de weg.

We besluiten dit hoofdstuk met een paar voorbeeldbrieven waarin zeer duidelijk tot uiting komt dat informatie, argumenten en stijl op de lezer toegesneden moeten zijn. We beginnen met hoe-het-niet-moet. De volgende brief is door een PTT-rayonhoofd geschreven en gericht aan alle perceelbewoners in zijn rayon.

[Briefhoofd]

Geachte Heer/Mevrouw,

Reeds jarenlang ondervindt de postbestelling veel ongemak van de voornamelijk in de oudbouw aanwezige kleine of verkeerd geplaatste woningbrievenbussen.

Door een aantal factoren neemt het ongemak voor het bestellend personeel dusdanig toe, dat maatregelen tot opheffing hiervan niet uit zullen kunnen blijven.

Omdat het probleem niet nieuw is, werd enige jaren geleden een folder gemaakt waarvan ik u een exemplaar doe toekomen. De inhoud ervan is juist, met uitzondering van hetgeen is vermeld onder 'Hoe lang hebt u de tijd?' De wettelijke bepalingen zullen namelijk voorlopig nog geen sancties tot gevolg hebben.

Het wordt echter bijzonder op prijs gesteld, dat reeds nu door de huiseigenaren zoveel mogelijk medewerking wordt verleend.

Omdat u wellicht een huurwoning bewoont is dit schrijven in feite bestemd voor uw huiseigenaar. Daar dit gegeven bij ons niet bekend is, verzoek ik u in dit geval deze brief met folder aan de eigenaar te willen doorgeven. Wilt u dan het antwoordkaartje aan mij ingevuld terugzenden?

Indien u nog vragen mocht hebben met betrekking tot het bovenstaande dan zal ik dit gaarne vernemen.

Voor uw medewerking ben ik u bij voorbaat erkentelijk.

                                          Hoogachtend,
                                          De chef Bestelling,

                                          ....

Bij nauwkeurige lezing kunnen we het *doel* van de brief reconstrueren. Het PTT-rayonhoofd wil de betrokkenen in kennis stellen van het feit dat zij nieuwe brievenbussen moeten gaan plaatsen. Kennelijk is het ook van groot belang, dat de huiseigenaren onder de aangeschrevenen hun medewerking verlenen. Laten we, met dit doel voor ogen, het antwoord zoeken op drie vragen die u in dit verband moet stellen.

1 *Is de informatie voldoende toegesneden op de lezers?*
Nee. Wat voor medewerking er precies gevraagd wordt van de huiseigenaren, staat niet in de brief vermeld. Een van de hoofddoelen van de brief is de medewerking van de betrokken huiseigenaren bewerkstelligen. De brief had toch minimaal een indicatie moeten geven van de *aard* van deze medewerking. Bovendien blijkt pas na tweederde van de brief, dat deze alleen maar bedoeld is voor huiseigenaren. Daarmee is de meeste informatie voor de niet-huiseigenaren overbodig. Vermelding hiervan in de eerste alinea had hun dus een hoop onnodig gepuzzel kunnen besparen.

2 *Zijn de argumenten voldoende overtuigend voor de lezers?*
Nee. Het verzoek om medewerking wordt kracht bijgezet door te wijzen op het toenemende 'ongemak voor het bestellend personeel'. De schrijver legt dus de nadruk op de *nadelen voor de PTT*. Hij probeert niet aan te geven welke *voordelen* de voorgestelde veranderingen zouden kunnen hebben *voor de bewoners*. Integendeel, hij denkt eerder in termen van *sancties*. Is dit echt de beste manier om de gewenste medewerking te verkrijgen?

3 *Is de stijl voldoende lezersgericht?*
Ten dele slechts. In de tweede helft van de brief spreekt de schrijver de lezer voor het eerst rechtstreeks aan door gebruikt te maken van de tweede persoon (u). Het was veel beter geweest in de hele brief dit u-perspectief toe te passen. De schrijver verzuimt dit. De eerste helft is geheel vanuit de eigen organisatie, de PTT, geschreven:
- PTT-argumenten ('ongemak');
- PTT-perspectief door gebruik van eerste en van eerste en derde persoon;
- PTT-perikelen ('werd enige jaren terug een folder gemaakt');
- PTT-taalgebruik (zoals het ambtelijk taalgebruik in de eerste zin met de tangconstructie 'van de voornamelijk in de oudbouw aanwezige te kleine of verkeerd geplaatste woningbrievenbussen').

We laten u nu zien hoe deze brief ook zou kunnen beginnen: we presenteren een herschrijving die duidelijk beter op de lezers is toegesneden en die daarom waarschijnlijk meer kans op succes biedt.

> Mevrouw, mijnheer,
>
> Post die gedeeltelijk nat is, doordat ze half uit de brievenbus steekt...
> Verkreukelde post, omdat de postbode geprobeerd heeft nattigheid te voorkomen...
> Zelfs voor de kleinste pakjes naar het postkantoor om ze af te halen...
>
> Overkomt dat u ook regelmatig?
>
> In bijgaande folder leest u wat u kunt doen om dit soort dingen in de toekomst te voorkomen. Er staat ook in wat u kunt doen om het ons makkelijker te maken uw post goed bij u te bezorgen.
>
> Als u de aanwijzingen opvolgt, dan krijgt u voortaan uw post bezorgd zoals u dat graag wilt.
>
> Met vriendelijke groeten

In dit hoofdstuk heeft u gezien hoe u, door kritische vragen te stellen aan een tekst, kunt nagaan in welke opzichten deze onvoldoende lezersgericht is. Bij de behandeling van de voorbeelduitwerkingen in deel 2 zullen we een soortgelijke methode toepassen. Maakt u zich de gewoonte eigen dergelijke vragen ook consequent aan uw eigen teksten te stellen, dan is dat een belangrijke stap op weg naar een perfecte zakenbrief. In het volgende hoofdstuk laten we zien, dat u niet alleen de *lezer* van uw brief in de overwegingen dient te betrekken. Ook uw *eigen rol* is een belangrijke factor in de voorbereidingsfase.

Ter afsluiting nog een goed voorbeeld. In deze brief is de informatie voldoende toegesneden op de lezer, de gebruikte argumenten zijn voor deze lezers voldoende overtuigend en ook de stijl kan niet anders dan lezersgericht genoemd worden.
Ter informatie: 'Rangers' zijn jonge Wereld Natuur Fonds-leden (± 8-18 jaar).

Wereld Natuur Fonds
BOULEVARD 12, 3707 BM ZEIST, POSTBUS 7, 3700 AA ZEIST, TELEFOON 03404 - 37333, TELEFAX 03404 - 12064
POSTBANK 44466, BANK MEES PIERSON 21.36.50.797, KVK UTRECHT 177588

november 1993   1

Je RANGER lidmaatschap 1994...

Beste RANGER,

Het jaar 1993 is bijna voorbij. We hebben het afgelopen jaar
veel voor de natuur gedaan. Jullie hebben ons hierbij fantastisch
geholpen. Bijvoorbeeld met de speciale RANGER-actie.
Met elkaar hebben jullie meer dan 7.000 nieuwe
donateurs geworven, waardoor we weer meer voor
de natuur kunnen doen. Een geweldig resultaat.
Henny Huisman en alle medewerkers van het Wereld
Natuur Fonds zijn trots op jullie.

Met het geld van deze actie kunnen we schitterende dingen
doen voor de natuur. We zorgen er voor dat de bever terugkomt
in de Gelderse Poort. Dankzij jullie geweldige inzet hebben
we ook nog geld over om de tijger in India en de orang-oetan
in Indonesië beter te beschermen.

Dit is enorm goed nieuws voor deze drie bedreigde
diersoorten. Helaas zitten nog veel meer dieren op
goed nieuws te wachten. Vandaar dat de natuur ook
volgend jaar jouw steun keihard nodig heeft.
Ik hoop dat je daarom ook in 1994 RANGER wilt blijven.
Dat was je toch al van plan? Natuurlijk!
Want zeg nou zelf: zou je je schitterende clubblad TamTam en al die
leuke RANGER-activiteiten volgend jaar willen missen?
Nee toch!

Hoe zorg je er voor dat je ook in 1994 RANGER blijft? Maak snel je
jaardonatie van 24 gulden met de bijgaande girokaart aan ons over.
Doe dit op tijd, zodat je je clubblad TamTam en onze leuke
activiteiten niet hoeft te missen.

Alvast hartstikke bedankt!
Met vriendelijke groet,

Annebet Bannier
Wereld Natuur Fonds - Rangers

Rangers die in het buitenland wonen, betalen tien gulden extra in verband met hogere
portokosten. Dit extra tientje geldt niet voor Rangers die in België, Luxemburg,
Aruba of de Nederlandse Antillen wonen.

De Stichting Het Wereld Natuur Fonds Nederland is de Nederlandse afdeling van het WWF (World Wide Fund for Nature).

5) Schrijf in overeenstemming met uw eigen positie en die van uw organisatie

> 'Moet de minister opstappen? De vertrouwensrelatie met het parlement is zeer geschaad.'

Redeneringen van deze strekking kunt u zo nu en dan horen. Toch verschilt de *betekenis* ervan van geval tot geval. Dat de oppositie zoiets zegt, ligt voor de hand. Wanneer echter coalitiepartners dezelfde mening zijn toegedaan, dan wordt het overal breed uitgemeten. Vanwaar nu dit verschil in nieuwswaarde?

In dit geval is het een kwestie van *belang*. De oppositiepartij heeft er belang bij dat een lid van het kabinet in opspraak komt. De coalitiepartners niet. Hun uitspraak druist dus in tegen hun eigenbelang. Daardoor wordt hun *overtuigingskracht* zeer groot. Het publiek veronderstelt dat er wel zeer zwaarwegende redenen moeten zijn voor zoveel kritiek. Het politieke effect van zo'n affaire zal dan ook groot zijn.

Naast het belang zijn er nog drie factoren die op de geloofwaardigheid en overtuigingskracht van sprekers en schrijvers van invloed zijn. Wanneer de man op de barkruk naast u vertelt dat de dollar gaat zakken, haalt u wellicht uw schouders op. Wanneer de Amerikaanse minister van Financiën u hetzelfde in vertrouwen meedeelt, gaat u waarschijnlijk direct op weg naar de optiebeurs. Een waargenomen verschil in *deskundigheid* is dus ook een factor. Van iemand van wie de eerlijkheid discutabel is, zult u minder gauw aandelen in onroerend goed kopen dan van de beleggingsadviseur met wie u al twintig jaar in goed vertrouwen zaken doet. Een verschil in *gebleken eerlijkheid*, althans de perceptie daarvan, is een tweede factor van belang. Een manager die zijn plannen met gedrevenheid verdedigt in de directievergadering, zal eerder succes hebben dan iemand met een saaie stijl van presenteren. *Dynamiek* is een derde belangrijke factor.

De factoren *belang*, *deskundigheid*, *gebleken eerlijkheid* en *dynamiek* bepalen de geloofwaardigheid en het gezag van de spreker of schrijver. In retoricatermen wordt dit ook wel het *ethos van de bron* genoemd. Het is dus zeker niet alleen de inhoud die bepaalt of we een boodschap overtuigend vinden. Waar die boodschap vandaan komt, is in bepaalde gevallen minstens zo belangrijk. Komt zij van een persoon die in de betrokken kwestie een hoog ethos heeft, dan is het effect ervan doorgaans groot. Belangrijk is dat zowel personen als organisaties een ethos hebben. Uw ethos en het ethos van uw organisatie bepalen, in sterkere mate dan u wellicht denkt, mede de effectiviteit van uw brief. Dat is een belangrijke constatering.

Wanneer u als schrijver dit ethos foutief inschat, dan wordt uw brief ongetwijfeld minder doeltreffend. Voordat u gaat schrijven, dient u zich altijd af te vragen *wie u bent voor uw publiek*. Wie u bent verschilt ook nog eens van publiek tot publiek. Als uw gezag in een bepaalde kwestie bijvoorbeeld gering is, dan zult u uw brief heel anders moeten opzetten dan wanneer uw gezag groot is. In het eerste geval zijn meer en betere argumenten nodig.

Het gebeurt niet zelden dat schrijvers hun ethos verkeerd inschatten. Het zal daarbij geen verwondering wekken, dat *onderschatting* minder vaak voorkomt dan *overschatting*. In de volgende paragrafen presenteren we u enkele praktische tips, die u kunnen helpen deze valkuil te vermijden.

Houd rekening met uw (machts)positie in de organisatie

U heeft de directie een notitie voorgelegd, waarin voorstellen zijn opgenomen die de efficiency van uw afdeling moeten verhogen. U constateert met tevredenheid dat het een goed doordacht geheel is geworden. U bent zeer benieuwd hoe de directie zal reageren en u besluit uw brief als volgt:

> 'U begrijpt dat een spoedige behandeling voor ons van groot belang is. Als u nu onmiddellijk na de directievergadering even uw reactie doorbelt, dan kunnen we meteen aan de gang.'

Gebruik van overdreven schrijftaal kan deze schrijver moeilijk verweten worden. Maar, hoe vlot ook, erg effectief zal deze brief waarschijnlijk niet zijn. Als de directie u al belt, dan kon het wel eens een bits telefoontje zijn. De meeste directies stellen het niet op prijs gecommandeerd te worden. Evenmin kunnen ze er waardering voor opbrengen wanneer er nadrukkelijk op hun beslissingen vooruitgelopen wordt. De volgende tekstparen illustreren hoe het wel en niet moet.

FOUT   Inmiddels is er door De Keulenaer een kosten/batenanalyse van dit plan gemaakt. Als u even bij Accounting binnenloopt, dan kunt u zich zelf op de hoogte stellen…

GOED   De Keulenaer van Accounting heeft inmiddels een kosten/batenanalyse van dit plan gemaakt. U ontvangt haar stuk komende donderdag…

FOUT   We moeten onverwijld een andere inkoopstrategie gaan voeren. Een groter budget is absoluut noodzakelijk, evenals een grotere beslissingsbevoegdheid voor de Materials Manager. Deze veranderingen dienen snel doorgevoerd te worden, omdat er anders grote problemen ontstaan in de voorraadbeheersing.

GOED   Daarom stel ik voor de volgende maatregelen in overweging te nemen: (a) verhoging van het inkoopbudget; (b) vergroting van de beslissingsbevoegdheid van de Materials Manager. Bijgaande berekeningen tonen u, dat beide ingrepen nodig zijn en dat het aannemelijk is dat zij een oplossing bieden voor de dreigende problemen in de voorraadbeheersing.

Wanneer er extra informatie nodig is, zoals in het eerste tekstpaar, dan kunt u die het beste zelf aan uw chef verschaffen. In het tweede tekstpaar valt het verschil op tussen de gebiedende toon van de foute versie (moeten, dienen, enz.) en de redelijke toon ('ik stel voor' en 'in overweging nemen') van de goede versie. Betekent dit dat u in opwaartse communicatie geen pressie kunt gebruiken en dat u zich een onderdanige houding zou moeten aanmeten? Uiteraard niet. Maar kies uw pressiemiddelen slim. Zoek het niet in een bedillerige toon, maar in de kracht van uw argumenten.

Rekening houden met uw positie betekent ook, dat u zich de vraag moet stellen wie de brief eigenlijk *ondertekent.* Dat bent u als schrijver namelijk lang niet altijd zelf.

Ter illustratie het volgende voorbeeld. Twee stagiaires doen een onderzoek naar de werkbelasting van het personeel in een vervoersorganisatie. Ze hebben een vragenlijst opgesteld, die naar alle betrokken werknemers gestuurd zal worden. In de begeleidende brief dringen ze nadrukkelijk aan op medewerking: het onderzoek zal namelijk mislukken als de gevraagde informatie niet wordt verstrekt. Trots op de uitstekende brief ondertekenen de beide stagiaires hun brief. Nog geen 10% van de aangeschreven werknemers stuurt de lijst ingevuld terug…

We kunnen nu twee vragen stellen. De eerste heeft betrekking op de ondertekening: Zou een ondertekening op directieniveau niet tot een groter aantal respondenten geleid hebben? De tweede geldt de argumentatie: Zou er geen beter argument te verzinnen zijn om de gewenste medewerking te verkrijgen?

Houd de grenzen van uw eigen deskundigheid en competentie in het oog

In het voorbeeld op pagina 37 zag u een inkoopmanager enthousiast veranderingen voor zijn afdeling bepleiten. Stel nu dat hij zijn plannen kracht bijzet met het volgende argument:

(FOUT) 'Een derde reden is de hoge – en nog steeds toenemende – uitval in productielijn 3. Zet deze tendens zich voort, dan zullen de productiekosten de komende twee jaar met 25% stijgen, hetgeen weer een daling van het marktaandeel met ongeveer 8% tot gevolg zal hebben.

(GOED) Een van de hoofddoelen van ons vijfjarenplan – 1 miljard omzet in 1996 – komt daardoor sterk in gevaar en zal alleen verwezenlijkt kunnen worden via grote successen in andere productgroepen.'

Zelfs als deze imponerende berekeningen kloppen, dan nog zal het argument weinig effectief zijn. Voorspelbaar is een reactie in de zin van: schoenmaker, blijf bij je leest. Het ethos van een afdelingsmanager is te gering om *strategische* uitspraken over vijfjarenplannen en dergelijke geloofwaardig over het voetlicht te brengen. Zijn uitspraken over inkoop, voorraadbeheer en de directe consequenties ervan voor andere afdelingen, zullen echter wel degelijk serieus genomen worden. Ethos is een *domeingebonden* factor. Wie op het ene terrein als deskundig beschouwd wordt, is dat nog niet automatisch op een ander terrein. Kees Brusse is een goede acteur, maar je hoeft je niets aan te trekken van zijn voorkeur voor bepaalde verzekeringen.
Wanneer u een brief of notitie schrijft, kan het zeer verleidelijk zijn de grenzen van uw eigen deskundigheid uit het oog te verliezen. In dit boek vindt u daar voorbeelden van.
Een kritische houding op dit punt is ten opzichte van andermans teksten een groot goed. Pas echter ook steeds een strenge test toe op uw eigen teksten: *Zou een uitspraak van mij over dit onderwerp eigenlijk geaccepteerd worden?* Luidt het antwoord ontkennend, dan kunt u twee dingen doen: de uitspraak schrappen of goede, dwingende argumenten aandragen.

Ter afsluiting volgt ook in dit hoofdstuk een voorbeeld van een goede brief.

GEMEENTE HARMELEN

Aan de bewoners van
de Torenvalk, De Houtduif, de Ransuil
en de Kramsvogel
in de gemeente Harmelen

Gemeentehuis:
Raadhuislaan 1, 3481 CS Harmelen
Postbus 40, 3480 DA Harmelen
Telefoon 03483-9111
Telefax 03483-4265

Rabobank Harmelen 32.53.02.537
ING Bank Harmelen 69.00.61.080
Postgiro 37825

Openingstijden 09.00-12.00 uur

Uw kenmerk:	Uw brief van:	Ons kenmerk: OR395046
Onderwerp: Verkeerssituatie, parkeeroverlast	Doorkiesnummer: 03483 - 9132	Harmelen, 25-07-95

Geachte heer, mevrouw,

Kort voor de bouwvakantie zijn de laatste straten in uw woonwijk gereed gekomen. Hiermede is de nieuwbouwlokatie Harmelen Noord bijna gereed. In de periode na de vakantie zullen er nog een aantal werken, zoals het aanplanten van bomen etc. worden uitgevoerd.

Van verschillende kanten vernemen wij dat er onduidelijkheid is over de plaats waar de auto dient te worden geparkeerd.
In het ontwerp is er vanuit gegaan dat er naast de rijweg een trottoir is.
Daarnaast is ook de ruimte tussen de bomen met tegels bestraat. Deze ruimte is bedoeld als trottoir waar de kinderen kunnen spelen en waar zij kunnen uitwijken als er een auto nadert. **Het is niet de bedoeling deze strook als parkeerruimte te gebruiken.**
Indien deze strook wel wordt gebruikt om te parkeren doet dit afbreuk aan de ruimte die wij voor de jeugd getracht hebben te realiseren. Daarnaast doet het ernstig afbreuk aan het ruime karakter van de straat.
Aan het einde van de woningblokken zijn parkeervakken gemaakt waar de auto's dienen te worden geparkeerd.
Naast de aantasting van het uiterlijk van de straat, levert op de Houtduif het op het trottoir parkeren problemen op bij het in en uitdraaien van percelen met een eigen oprit.
Wanneer deze bewoners de oprit niet kunnen gebruiken zal dit leiden tot extra parkeerdruk op de aanwezige parkeervakken, hetgeen ongewenst is.
Daarnaast vragen wij u, met het oog op de kinderen in de wijk, om een aangepaste snelheid te hanteren.
Heel bewust hebben wij ervoor gekozen uw wijk niet vol te zetten met allerhande verkeersborden of paaltjes en drempels e.d. om **het bedoelde gedrag af te dwingen dan wel te regelen.**
Wij vertrouwen erop dat u rond uw nieuwe huis een leuke woonomgeving wilt hebben en dat u bereid bent daarvoor de auto niet direct voor de deur te zetten zonder dat wij dat met borden en palen afdwingen.
Wij wensen u veel woongenot in uw "nieuwe" woonomgeving.

Hoogachtend,
Burgemeester en Wethouders van Harmelen,
de wnd. Secretaris,   de Burgemeester,

dhr. L. v. Doornik   drs. J.H. Burger

Bijl.:
Typ.:

Het zou in deze brief heel gemakkelijk geweest zijn op autoritaire wijze aan de bewoners mee te delen wat wel en niet mag en welke (straf)maatregelen er genomen worden als men zich niet aan de regels houdt. Dat is hier heel terecht *niet* gedaan. Op het tegenovergestelde duiden juist zinsneden als:
- 'er is van uitgegaan...';
- 'doet afbreuk aan';
- 'vragen wij u...';
- 'Heel bewust hebben wij ervoor gekozen...';
- 'om het bedoelde gedrag – niet – af te dwingen...';
- 'u bereid bent...'.

6 Schrijf gestructureerd

Uit de voorgaande hoofdstukken heeft u kunnen opmaken dat er nogal wat aan het eigenlijke schrijfwerk voorafgaat. Voordat u aan uw brief begint, dient u zichzelf de nodige vragen te stellen over uw publiek, over uw doel en over uw eigen rol. De antwoorden op deze vragen hebben belangrijke consequenties voor alle aspecten van uw tekst: stijl, inhoud en structuur. Dit laatste aspect stellen we in dit hoofdstuk aan de orde.

In hoofdstuk 4 heeft u kunnen zien hoe overwegingen over de informatiebehoefte van uw publiek mede bepalen welke vragen u in uw brief dient te beantwoorden. In dit hoofdstuk willen we u laten zien hoe u die vragen het best kunt *ordenen*. We gaan daarbij niet uitgebreid in op de procedure die u kunt volgen om tot een goede ordening te komen. Een dergelijke procedure vindt u bijvoorbeeld uitstekend beschreven in Steehouder e.a. (1992) hoofdstuk 4 en 7). In plaats daarvan presenteren we u een aantal adviezen en mogelijke briefstructuren en proberen we u te laten zien in welke situaties de verschillende structuren aan te bevelen zijn.

Waarom is het belangrijk vooraf de structuur van uw tekst vast te stellen? In de eerste plaats voorkomt u dat u belangrijke informatie ten onrechte niet in uw brief opneemt. Vergelijk bijvoorbeeld de halve afspraken van pagina 27. In de tweede plaats voorkomt u onnodige doublures. In sommige gevallen kan het heel nuttig zijn een boodschap met de nodige redundantie te brengen. In andere gevallen kan het uw lezer bijzonder irriteren wanneer u maar blijft hameren op een punt dat al in eerste instantie duidelijk was voor hem of haar. In de derde plaats biedt een goede structuur de lezer houvast. Wanneer de informatie duidelijk en systematisch geordend is, bestaat er minder kans op verwarring of misverstand. Ten slotte speelt natuurlijk ook het PR-principe een rol. Een warrig opgestelde brief roept bij de lezer een beeld op van een warrig persoon en van een warrig georganiseerd bedrijf.

De volgende adviezen en voorbeelden helpen u een goed opgebouwde brief te schrijven.

Zorg, indien nodig, voor een goede inleidende alinea

Heeft u ook wel eens zo'n brief in handen waarvan u na enkele zinnen denkt: waar gaat dit in vredesnaam over? Waarbij het u pas gaandeweg begint te dagen wat het onderwerp van de brief is en waarom hij aan u geschreven is? Kortom, een brief die verwarring zaait?

Verwarring schaadt het effect van de brief. Een goede *inleidende alinea* kan verwarring bij uw lezer voorkomen. Een dergelijke alinea bevat de volgende elementen:

- een duidelijke aanduiding van het *onderwerp* van de brief, eventueel met een korte beschrijving van de voorgeschiedenis;
- een aanduiding van het *doel* van uw brief;
- desgewenst een passage die uw lezer *nieuwsgierig* maakt naar de inhoud van uw brief en/of die hem er het belang van doet inzien.

Ter verduidelijking de volgende twee openingsalinea's: de schrijver van het eerste fragment valt met de deur in huis. De schrijver van het tweede fragment kiest daarentegen een weloverwogen inleiding.

(FOUT) De directie heeft het voornemen de schalen 7/3 tot en met 7/7 niet langer open te stellen voor programmeurs en systeemontwerpers zonder het diploma AMBI-II. Daartegenover staat dat de interne opleidingsmogelijkheden vergroot zullen worden; een en ander conform eerdere voorstellen gedaan aan de ondernemingsraad...(enz.).

(GOED) Via deze brief willen we u op de hoogte stellen van het nieuwe loopbaanbeleid dat de directie wil gaan voeren. In een vorige brief (d.d. 9 juli) kondigden we u al de hoofdpunten hiervan aan. Nu de plannen in samenspraak met de OR nader zijn uitgewerkt, willen we graag uw reactie vernemen: u bent tenslotte de belangrijkste betrokkenen.

Bij het tweedefragment weet de lezer niet alleen *wat* voor informatie er komt, maar ook *hoe* deze gelezen moet worden. De lezer weet dat er een reactie van hem of haar verwacht wordt. In het eerste fragment is dat niet duidelijk. Een dergelijk verschil werkt natuurlijk door in de wijze waarop de notitie gelezen wordt.

In sommige gevallen is het niet nodig uw brief van een inleiding te voorzien. Dergelijke gevallen zullen we verderop in het boek behandelen.

Presenteer belangrijke informatie opvallend

Er zijn tal van situaties waarin brieven maar met een half oog gelezen worden. U dient daar rekening mee te houden. Wanneer u zelf huis-aan-huis-post automatisch in de prullenbak deponeert, mag u niet verwachten dat iedereen *uw* huis-aan-huis-brief met grote interesse zal lezen. Vermoedt u dat de belangstelling van uw publiek gering zal zijn, dan moet u uw brief zo opbouwen dat de boodschap zich als het ware *opdringt*.
Er zijn allerlei middelen die u kunt toepassen om belangrijke informatie opvallend te presenteren. Met behulp van onderstreping, cursivering en dergelijke – zogenoemde grafische middelen – kunt u bepaalde zinnen of zinsdelen extra benadrukken. Op het gebied van *lay-out* is eveneens veel mogelijk. Goed gekozen witregels en een uitgekiende bladspiegel kunnen de ogen van de lezer naar het cruciale punt trekken. Ten slotte is ook de *alinea-opbouw* een goed middel. Door consequent gebruik te maken van de *prominente plaatsen* (het einde en vooral het begin van een alinea) kunt u informatie in het oog doen springen.
In het volgende voorbeeld zijn deze middelen gecombineerd. In het eerste fragment ziet u een schrijver aan het werk die er niet in slaagt de kern van zijn plan saillant te maken. De schrijver van het tweede fragment is dat wel gelukt met behulp van een aantal van de beschreven technieken.

(FOUT) In verband met de teruglopende verkopen heb ik mij de afgelopen weken gebogen over de problematiek van het beloningssysteem. Gebleken is dat wanneer men een lager basissalaris gaat verdienen, maar meer kansen krijgt op bonussen en provisies, er waarschijnlijk een grotere omzet gerealiseerd kan worden. Wij zijn daarom van plan het basisloon naar 80% terug te brengen en het provisieloon op te trekken tot 20%. Een en ander zou dan, met het oog op de ouderen onder u, gefaseerd en/of getrapt moeten worden ingevoerd.

(GOED) Via een ander beloningssysteem zouden we onze verkoopinspanningen nog effectiever kunnen maken. Zo'n nieuw beloningssysteem – in overleg met u te ontwerpen – zou er bijvoorbeeld als volgt uit kunnen zien.
  1 <u>Hogere provisies</u>: op orders boven ƒ 10.000,- verdient u 2,5% in plaats van 1,5%; op kleinere orders 1,8% in plaats van 1,0%.

  2 <u>Stabilisering van het basissalaris</u>: de komende drie jaar wordt de prijscompensatie niet uitgekeerd; deze gebruiken we om het hogere variabele salaris te financieren.

  3 <u>Extra bonusmogelijkheden</u>: u verdient ƒ 500,- extra wanneer u een

nieuwe klant aanbrengt die een order plaatst groter dan ƒ 10.000,-. Belangrijk is verder, dat het variabele salaris in zo'n nieuwe opzet geen plafond kent. Goede prestaties brengen uw salaris sterk omhoog!

Markeer uw structuur

Het is niet voldoende dat uw brief een logische interne structuur heeft. Uw brief moet het ook eenvoudig maken voor de lezer om deze structuur te ontdekken en te volgen. U kunt dat doen door zorgvuldig en weloverwogen gebruik te maken van *signaalwoorden* of *signaalwendingen*. Dat zijn woorden of woordgroepen die aangeven hoe de verschillende informatiedelen met elkaar verbonden zijn. Voorbeelden van signaalwoorden en -wendingen:
- hieruit volgt dat...
- een consequentie hiervan is...
- hiervoor zijn twee oorzaken aan te wijzen...
- ten eerste, ten tweede enz.
- als voorbeeld noemen we...

Begint u een alinea op een dergelijke manier, dan kan de lezer anticiperen op hetgeen volgt. Ook kan hij bij globale lezing de inhoud van de brief al redelijk vaststellen.

Overweeg zorgvuldig of u een directe of een indirecte structuur aan uw brief moet geven

Moet u de kern van uw boodschap aan het begin van uw brief plaatsen, of juist aan het eind? Horen argumenten voor of na de conclusie? Kunt u met de deur in huis vallen of dient u eerst een reeks beleefdheidsformules af te werken? Dit zijn belangrijke vragen voor de schrijver van een brief. Het antwoord verschilt al naar gelang de situatie. Bij verschillende doelen en publieksgroepen horen ook verschillende briefstructuren. We analyseren een aantal situaties en geven daarbij steeds aan welke structuur aan te bevelen is, en waarom.

1 *U brengt goed nieuws of verstrekt neutrale informatie die de lezer verwacht*
Bijvoorbeeld:
- U kunt een aspirant-stagiaire meedelen dat uw organisatie inderdaad een stageplaats voor haar beschikbaar heeft.
- Een klant heeft geklaagd over een ondeugdelijke zending, en u kunt hem meedelen dat deze kosteloos vervangen zal worden.

- U stuurt iemand de lijst met specificaties waar hij om gevraagd heeft.

In deze situaties kunt u het best kiezen voor een *directe* benadering. U kunt als het ware met de deur in huis vallen. Er is geen enkele reden om goed nieuws voor de betrokkene achter te houden. Door dit nieuws vooraan in uw brief op te nemen, brengt u de lezer onmiddellijk in een welwillende stemming. Met welwillende belangstelling zullen ook de toelichtende opmerkingen gelezen worden. Deze zijn dan in de brief opgenomen ná de positieve kern van de boodschap.

Ook bij brieven waarin u gehoor geeft aan een verzoek om informatie, kunt u kiezen voor de directe benadering. Het antwoord op dit verzoek kunt u dan direct geven, zonder uitgebreide inleiding. De volgende twee tekstparen maken het onderscheid tussen de directe en de indirecte aanpak duidelijk.

(FOUT) In uw brief van 12 februari vroeg u om de specificatie van onze 8600-chip. Wij hebben dit verzoek doorgespeeld aan onze technische afdeling, die over de nodige informatie beschikt. Informatieverstrekking aan potentiële klanten vinden we bij NiceWare immers een heel belangrijke zaak...

(GOED) Hierbij treft u een drietal tabellen aan waarin de specificaties van onze 8600-chips zijn weergegeven...

(FOUT) In uw brief van 28 maart vroeg u ons mee te werken aan het stageproject van uw opleidingsinstituut. Met u achten wij het van groot belang dat bedrijfskundestudenten in een vroeg stadium geconfronteerd worden met de dagelijkse bedrijfspraktijk. Het lijkt ons daarom een goede zaak dat zoveel mogelijk bedrijven hun medewerking aan dit project verlenen. Seynaeve Textiel zal daarbij zeker niet achterblijven.

(GOED) Seynaeve Textiel zal met plezier een aantal studenten van uw instituut een stageplaats bieden. We zenden u hierbij een lijst van de mogelijke stageplaatsen. Tussen haakjes is steeds aangegeven hoeveel weken de betreffende stage naar onze schatting zal duren...

2 *U brengt slecht nieuws*
Bijvoorbeeld:
- Een sollicitant die tot de laatste drie is doorgedrongen, moet u afwijzen.
- Een klant heeft bij u een order geplaatst, maar u kunt niet aan de afgesproken leveringstermijn voldoen.

- Een wielerploeg hoopt door uw bedrijf gesponsord te gaan worden, maar u moet de ploeg meedelen dat dat niet kan doorgaan.

In deze en soortgelijke situaties is een *indirecte* benadering wenselijk. U bouwt uw brief zo op, dat de lezer zelf uiteindelijk tot het slechte nieuws concludeert. Dit bereikt u door eerst (goede) argumenten te verschaffen en dan pas uw beslissing te vermelden. Het negatieve effect dat van uw mededeling uitgaat, probeert u zo goed mogelijk te compenseren door de lezers suggesties aan de hand te doen over (bijvoorbeeld) alternatieve manieren om zijn of haar doel te bereiken.

Wanneer u deze benadering combineert met enkele formuleeradviezen uit het volgende hoofdstuk – vooral de adviezen *formuleer positief* en *hanteer een persoonlijke stijl* – dan kunt u het negatieve effect van uw brief beperken. Let wel: het blijft, uit de aard der zaak, voor de betrokkene slecht nieuws. Maar met een goede slechtnieuwsbrief voorkomt u dat de lezer een slechte indruk van uw organisatie krijgt. Daarbij grijpt u de kans aan uw lezer op de (mogelijke) positieve aspecten van de zaak te wijzen.

In onderstaand tekstpaar ziet u de voordelen van een indirecte benadering duidelijk gedemonstreerd.

(FOUT) Het spijt ons u te moeten zeggen dat we uw verzoek tot sponsoring van uw wielerploeg niet kunnen inwilligen. We hebben voor dergelijke zaken een bepaald budget per jaar uitgetrokken. Aangezien we overstelpt worden met verzoeken, is dat budget allang opgedeeld voor dit jaar. Een verzoek voor het volgende jaar kunnen we wel in overweging nemen. Het spijt ons nogmaals dat we u niet kunnen helpen en we vertrouwen erop dat u begrip heeft voor onze situatie.

(GOED) Sponsoring van sportploegen en sportclubs is een goede zaak. Zowel voor de sporter, die daardoor onder andere veel betere trainingsmogelijkheden heeft, als voor de sponsor, die blij is met extra reclame. Ons bedrijf heeft daarom een jaarlijks budget uitgetrokken voor sponsoring. Ieder jaar opnieuw – in januari – stellen wij het budget voor dat jaar vast. Daarna verdelen wij dit onder de aanvragers die ons het meest aanspreken.

Zoals u begrijpt is de verdeling voor dit jaar dus al rond. We kunnen u natuurlijk wel op de lijst voor volgend jaar plaatsen. Wilt u ons laten weten of u dat op prijs stelt? Wij wensen u een succesvol seizoen toe.

3 *U brengt informatie, die de lezer niet verwacht*
Bijvoorbeeld:
- U informeert *alle* leden van uw afdeling over een zaak, waarover *enkele* leden vragen hebben gesteld.
- Omdat *sommige* klanten een klacht hebben ingediend over een bepaald artikel, besluit u *alle* kopers te informeren;
- Een beleidsplan dat eigenlijk door iedereen vergeten was, wordt plotseling uit de ijskast gehaald en ter commentaar aangeboden. U schrijft de aanbiedingsbrief daarbij.

In deze situaties krijgen de lezers een brief onder ogen die ze niet onmiddellijk kunnen plaatsen. Ook hier past het niet om met de deur in huis te vallen. Een duidelijke inleidende alinea is noodzakelijk. Dat wil zeggen, een inleidende alinea die voldoet aan de eisen die we hiervoor genoemd hebben. Hoe lang en hoe uitgebreid zo'n alinea moet zijn, hangt af van de mate waarin uw lezers van de kwestie op de hoogte zijn. Daarna kunt u op rechtstreekse wijze uw punten over het voetlicht brengen.
Goede en minder goede voorbeelden van inleidende alinea's vindt u op pagina 42.

4 *U deponeert een klacht*
Bijvoorbeeld:
- U heeft een daisywheel-printer met toebehoren gekocht, maar de sheetfeeder blijkt 'feed' als 'verfrommel' op te vatten. U schrijft de leverancier een brief.
- Een zakenpartner komt zijn verplichtingen niet na en heeft daar, naar uw inzicht, geen gronden voor. U beklaagt zich daarover in een brief.

Gevallen als deze doen zich geregeld voor in het zakenverkeer. Omdat ze, welbeschouwd, slecht nieuws inhouden zou u wellicht geneigd zijn een indirecte benadering te kiezen. Toch hoeft dit niet. Waarom is een directe benadering hier ook mogelijk en vaak zelfs beter?
U kunt ervan uitgaan dat een firma zich *ten doel stelt* goede waar te leveren. U kunt ervan uitgaan, dat een zakenpartner ernaar *streeft* zijn contracten na te komen. Wanneer dat om welke reden dan ook niet mogelijk blijkt, dan zullen *beide partijen* het niet meer dan normaal vinden dat de fout wordt rechtgezet. Daarover kan dus rechtstreeks en onomwonden worden gecommuniceerd. Boosheid en verontwaardiging enerzijds en een beledigde en afhoudende toon anderzijds, zijn in het geheel niet nodig. Wie het PR-principe in het achterhoofd houdt, kan ook over schadegevallen op een zakelijke en beleefde wijze communiceren. Een wijze die overigens in veel gevallen de effectiefste is gebleken.

U kunt dus een zeer eenvoudige structuur hanteren voor uw klacht. Een duidelijke vermelding van wat er precies mis is, een eventuele toelichting daarop, en een aanduiding wat er precies moet of kan gebeuren om een en ander recht te zetten. Hieronder vindt u drie teksten ter vergelijking. Tekst 1 is een *onrechtstreekse, beleefde* klacht. Tekst 2 is een *rechtstreekse, beleefde* klacht. Tekst 3 ten slotte is een *onrechtstreekse, onbeleefde* klacht. Tekst 3 is de woedeuitbarsting die we allemaal wel eens ervaren als een duur apparaat niet blijkt te werken. Of het effectief is die woede ook te verwoorden, kunt u zelf uitmaken. Stel uzelf bij deze drie teksten de vraag: welke versie zou mij de vlotste service opleveren? Als u wilt, kunt u eerst het beeld compleet maken door zelf een *rechtstreekse onbeleefde* versie te formuleren.

1 Wekelijks worden er vanuit ons kantoor meer dan 300 brieven verzonden. Verreweg de meeste daarvan worden vervaardigd op een tekstverwerker. Overbelasting van de aanwezige printapparatuur bracht ons ertoe bij u een NiceWare printer/sheetfeeder aan te schaffen. U leverde deze af op 18 juni, en de factuur (groot ƒ 5950,-) is prompt voldaan. Nu blijkt echter dat met name de sheetfeeder niet naar behoren werkt: geregeld lopen de vellen vast in het transportmechaniek...

2 De NiceWare 710 printer/sheetfeeder die wij op 18 juni bij u kochten, werkt niet naar behoren. Geregeld lopen er vellen vast in het transportmechaniek, waardoor er bij het printen van grotere stukken steeds iemand bij het apparaat aanwezig moet blijven. In ons kantoor worden tekstverwerker en printer zeer frequent gebruikt; het euvel leidt dan ook tot grote vertragingen en – soms – irritaties. We stellen het zeer op prijs wanneer u spoedig een monteur zou kunnen sturen om de fout te verhelpen. Mocht deze reparatie langere tijd in beslag nemen, zoudt u dan voor een vervangend apparaat kunnen zorgen?

3 Als ik zesduizend gulden voor iets neertel, dan verwacht ik kwaliteit. Wat ik ook verwacht, is service. Beide principes schijnen tegenwoordig niet veel meer waard te zijn. Fraude en wanprestatie lijken aan de orde van de dag. Helaas heb ik moeten constateren dat uw firma hierop geen uitzondering vormt. Ondanks de lage verkoopprijs bleek de printer die u mij aansmeerde een ondeugdelijke machine.
De sheetfeeder (prijs nota bene ƒ 1.200,-) maakt allerlei geluiden en bewegingen, maar zelden de goede. Ik begrijp niet waarom een gerenommeerde zaak als de uwe zulke rotzooi aan de man meent te moeten brengen.

5 *U wilt uw lezer overtuigen/beïnvloeden*
Bijvoorbeeld:
- Er is een nieuw beloningssysteem ontworpen voor de verkoopstaf en u wilt de verkopers overtuigen van de voordelen of nadelen daarvan.
- In verband met de invoering van ATV moeten vakanties en verlofdagen langer van tevoren worden opgegeven. U doet een beroep op uw medewerkers hieraan de hand te houden.
- U bent ervan overtuigd dat uw magazijn op een andere manier beheerd moet worden. U schrijft de directieleden een brief om ook hen hiervan te overtuigen.

In brieven met een *persuasief* doel is de keuze van uw structuur afhankelijk van de ontvangst die uw ideeën, naar verwachting, ten deel zullen vallen. Verwacht u dat uw publiek het in meerderheid met u eens zal zijn, dan kunt u beginnen met de kern van de boodschap. Vervolgens presenteert u de bijbehorende argumenten, bij voorkeur puntsgewijs en goed gemarkeerd. In het slot herhaalt u dan de kernboodschap. Indien nodig voorzien van een *concreet* handelingsadvies.

Verwacht u dat uw ideeën de nodige weerstand zullen oproepen, dan kunt u beter een begin hanteren waarin u de aandacht vestigt op het probleem in kwestie. Wat betreft uw plan kunt u zich beperken tot een aanduiding van het onderwerp. Vervolgens laat u aan de hand van goede argumenten zien waarom uw oplossing/opvatting steun verdient. Aan het slot, dus wanneer de lezer zelf die conclusie ook al heeft kunnen trekken, formuleert u uw opvatting expliciet.

Ter illustratie tweemaal de aanhef van een presentatie van hetzelfde plan. In de eerste versie is de verwachte ontvangst *positief*, in de tweede versie overwegend *negatief*.

1 Een hoger provisiepercentage en grotere mogelijkheden tot het verdienen van bonussen, gecombineerd met een stabilisering van het basissalaris – dat is de kern van het voorstel dat onlangs door de SOLT-commissie gepresenteerd is aan de directie en OR. Uw afdelingsvertegenwoordigers hebben de deugdelijkheid van het huidige beloningssysteem regelmatig ter discussie gesteld. Zij wezen daarbij op een aantal duidelijke gebreken. In onze notitie wil ik u laten zien, hoe het SOLT-voorstel deze gebreken zou kunnen ondervangen...

2 In deze notitie wil ik de problemen op een rijtje zetten die we de afgelopen jaren in onze verkoopafdeling hebben ervaren. U heeft in het jaarverslag allemaal kunnen lezen dat de bedrijfsresultaten

achterblijven bij de verwachtingen en dat Seynaeve, kort en goed, bezig is terrein te verliezen ten opzichte van de concurrentie. Velen van u hebben daarover al hun bezorgdheid getoond. Het lijkt nu daarom een goede zaak, dat we de problemen gezamenlijk onder de loep nemen. In deze brief geef ik daartoe een eerste aanzet. Aan een analyse van de problemen koppel ik enige suggesties voor mogelijke oplossingen.

---

6 *U brengt slecht nieuws dat de lezer verwacht*
Bijvoorbeeld:
- In de ontvangsthal van het stadhuis is plaats voor een beeldhouwwerk. Tweeënzestig kunstenaars sturen schetsen en beschrijvingen in, en aan u de taak om 61 bedank- en afwijzingsbrieven te schrijven.
- De VPRO zoekt programmamakers en verzuimt bewust functie-eisen in de advertentie op te nemen. Het resultaat: 1298 sollicitanten, wat neerkomt op minimaal 1200 afwijzingen in eerste instantie. U mag de standaardbrief schrijven.

Deze situaties zijn twijfelgevallen. U kunt de indirecte structuur hanteren: per slot van rekening gaat het om slecht nieuws. Aan de andere kant zullen er heel wat inzenders zijn die in dat geval vinden dat u om de hete brij heen draait. Ze weten best dat hun kansen gering zijn, zodat er geen reden is om mee te doen aan wat in de VS zo fraai *beating around the bush* heet. Direct terzake komen is dan de beste strategie.

Hierna volgt een voorbeeld van een slecht-nieuwsbrief. Het is een brief van PTT Telecom. De vraag is welk doel PTT Telecom met deze brief beoogd heeft. Te meer daar iedereen via de media al op de hoogte is van het slechte nieuws. Waarschijnlijk heeft het bedrijf *goodwill* willen kweken door het uiteenzetten van de situatie, het noemen van oorzaken en het aangeven van maatregelen. De brief zou duidelijker geweest zijn, als er gebruik gemaakt was van grafische middelen. Nu wordt in de tekst alleen 'PTT Telecom' benadrukt. Veel lezers zullen zich afvragen: 'Wat moet ik met deze brief?'

district utrecht

Aan de bewoners van dit pand

Uw kenmerk	Uw brief van	Ons kenmerk	Telefoon
		K94-0435	(06) 01 84

Bijlage(n)			Datum
			29 november 1994

Onderwerp
Herziene versie vernieuwde Telefoongids regio Utrecht

Geachte mevrouw/heer

Vorige week heeft PTT Telecom in de regio Utrecht ruim 100.000 vernieuwde telefoongidsen verspreid. Vrijdag jl. is besloten om de verdere distributie stop te zetten en de produktie van de daarop volgende gidsen op te schorten.
Dit besluit is genomen als een gevolg van het aantreffen van fouten in de vermeldingen.

Een eerste indicatie heeft reeds uitgewezen dat het merendeel van de fouten hoogst waarschijnlijk is veroorzaakt door het samenvoegen van bestanden. Een diepgaand onderzoek naar de oorzaak van de fouten is inmiddels gestart.

Bij PTT Telecom zijn er enkele honderden klachten binnen gekomen over het totaal van 375.000 vermeldingen. Alle klachten die wij hebben ontvangen krijgen onze individuele aandacht. Wij adviseren u om voorlopig de oude gids te blijven gebruiken. Indien u een oude gids nodig heeft, kunt u die bestellen via het gratis nummer 06-01 84.

PTT Telecom zal met een herziene versie van de Telefoongids van Utrecht verschijnen zodra de gids aan de gestelde kwaliteitseisen voldoet. De produktie van de overige gidsen zal dan ook worden hervat.
De verwachting bestaat dat dit begin 1995 zal zijn.

PTT Telecom betreurt het ongemak van deze situatie voor u en zal alles in het werk stellen om de problemen op te lossen en de nadelige consequenties tot een minimum te beperken.
Wij blijven overtuigd van het vernieuwde produkt-concept, de alles-in-een gids, en de toegevoegde waarde daarvan.

Zodra wij meer informatie hebben dan zullen wij u dit meedelen. Indien u nog vragen heeft kunt u contact opnemen met ons gratis nummer 06-01 84.

Met vriendelijke groet,

ir. C.A.G. Kloeck
Directeur PTT Telecom District Utrecht

•Kantooradres:	Telefoon (030) 55 91 11	Correspondentieadres:	PTT Telecom BV
Burgemeester Fockema	Telefax (030) 55 31 90	Postbus 16300	Handelsregister
Andreaelaan 15		3500 CH Utrecht	K.v.K. 's-Gravenhage
3582 KA Utrecht			nr. 124701

7 Formuleer effectief

Wat nu precies mooi of lelijk Nederlands is, is een vraag die stof biedt voor eindeloze discussies. Wie deze twistvraag graag beslecht wil zien, kan terecht in een fors aantal hoe-hoort-het-eigenlijk-publicaties. In Renkema (1982), Kolkhuis Tanke (1981) en De Boer (1982) vindt u een grote verzameling richtlijnen en adviezen. Ook Steehouder e.a. (1992) kunnen u van dienst zijn. In hun boek wordt gepoogd *absolute* normen los te laten. De auteurs betogen dat de gewenste stijl tot op zekere hoogte afhankelijk is van de aard van de communicatiesituatie. In de ene situatie kan een bijzonder ongedwongen stijl passend zijn, terwijl in de andere situatie een formele stijl gewenst is. Op grond van een goede analyse van doel, publiek, situatie en eigen positie kan vastgesteld worden welke stijl de voorkeur verdient. Wij sluiten ons graag bij deze opstelling aan. Gegeven het rijke aanbod van goede stijladviezen streven we *niet* naar een volledige opsomming van stijlfouten en mogelijke alternatieven. We beperken ons in dit hoofdstuk tot een aantal stijladviezen die specifiek betrekking hebben op zakelijke correspondentie. Adviezen die van nut zijn bij die stilistische kwesties waar beginnende schrijvers doorgaans moeite mee hebben.

Het PR-principe is een belangrijke leidraad geweest bij het formuleren van deze adviezen. We gaan ervan uit, dat een organisatie zich niet graag als dor en ambtelijk presenteert. Vandaar dat we eerst adviezen geven ten behoeve van een *begrijpelijke, levendige, dynamische stijl*. In de tweede plaats gaan we ervan uit dat een briefschrijver graag geassocieerd wordt met eigenschappen als *duidelijk* en *to the point*. Daarom enige adviezen om *vaagheid* en *omhaal* te vermijden. Ten slotte gaan we ervan uit, dat een bedrijf niet graag passief en machteloos overkomt. Vandaar enkele adviezen hoe u dit kunt vermijden, bijvoorbeeld door *positief* te formuleren.

Hanteer een leesbare stijl, verzorgde spreektaal

Een goede voorbereidingsfase en een juiste structuur- en informatiekeuze zijn noodzakelijke voorwaarden voor het schrijven van een goede brief, maar nog geen *voldoende* voorwaarden. Een brief waarin alle voor de lezer relevante vragen worden beantwoord, kan niettemin zijn doel voorbijschieten; bijvoorbeeld wanneer u vaktermen gebruikt die bij de lezer niet bekend zijn. Uw brief bewerkstelligt dan onbegrip in plaats van de gewenste duidelijkheid. Of bijvoorbeeld wanneer u dermate formeel en hoogdravend schrijft, dat de lezer vervreemd raakt in plaats van overtuigd. Een prettige, verzorgde en vooral leesbare stijl kan veel onbegrip voorkomen.

We gaan nu allereerst in op de leesbaarheid van een brief. Brieven die een overmaat aan moeilijke woorden en ingewikkelde constructies bevatten, zijn onleesbaar en kunnen nooit effectief een boodschap overbrengen. Maar wat is precies een overmaat? Wat is nu moeilijk en wat is ingewikkeld? Dat hangt af van degene(n) aan wie u schrijft. Al naar gelang het opleidings- en ervaringsniveau van uw publiek *kunt* u moeilijker of *moet* u gemakkelijker schrijven.

Behalve het opleidingsniveau van uw lezers dient u ook hun *referentiekader* in overweging te nemen. Als u bijvoorbeeld een financieel deskundige bent, dan zijn termen als *zero base budgetting* en *voetoverheveling* voor u gesneden koek. Toch kunt u ze niet klakkeloos gebruiken in een notitie aan bijvoorbeeld de technische ingenieurs in uw bedrijf. Zonder nadere uitleg zijn dit termen die doorgaans buiten het referentiekader van een techneut vallen en dus onbegrepen blijven.

Niet alleen beroepsgroepen hebben hun eigen jargon, maar ook bedrijven en instellingen kennen vaak een eigen taalcultuur. Hoort u iemand het woord *budget* uitspreken zoals het geschreven staat (dus *butchet* in plaats van het gangbare *budzjet*), dan kunt u ervan verzekerd zijn dat die persoon bij Philips werkt of gewerkt heeft. Hoort u iemand een *prikbord* aanduiden met de wijdse benaming *publicator*, dan heeft u vast met een (ex-) Nijenrodiaan van doen. Of u binnen uw bedrijf aan een dergelijke taalcultuur deelneemt, kunt u zelf bepalen. Bij *externe* communicatie dient u zich echter bewust te zijn van het typische karakter van zulke taaluitingen. Om bij het tweede voorbeeld te blijven: buiten het Nijenrodepark betekent *publicator* niets. Gebruik van deze term ten overstaan van externe publieksgroepen leidt daarom tot onduidelijkheid of onbegrip.

Een belangrijke factor die de leesbaarheid van zakelijke correspondentie eveneens beïnvloedt, is het overdreven gebruik van *archaïsche* taal. Of, om met Lesikar (1980) te spreken: 'the old language of business.' Hij refereert daarmee aan de voor heel wat schrijvers kennelijk onbedwingbare neiging om een zo breed mogelijke kloof te creëren tussen hun schrijftaal en hun normale, doordeweekse spreektaal. Ook in Nederland speelt dit probleem. Wie kent ze niet, die aloude stoplappen:

- 'Hopende u hiermede voldoende ingelicht te hebben, verblijven wij...'
- 'Met referte aan uw schrijven d.d. 6 augustus delen wij u mede...'

Er wordt in zakelijke correspondentie nog steeds veel *verbleven*, en in de eerste zin schijnt een brief opeens een *schrijven* te moeten heten. Misschien is de populariteit van dergelijke stoplappen te verklaren vanuit een zekere gemakzucht. Ze ontslaan de schrijver tenslotte van enig denkwerk. Een gegeven dat wellicht ook u aanspreekt. Maar voor dit gemak betaalt u wel een prijs: uw brief nodigt niet uit tot lezen en wordt saai en voorspelbaar. Belangrijker nog is dat u bij de lezer de indruk wekt dat u hem of haar maar weinig tijd en creativiteit waard heeft geacht. Een originele en meer persoonlijke aanpak leidt uiteraard eerder tot een welwillende houding bij uw lezer. Vergelijk bijvoorbeeld de volgende briefopeningen en afsluitingen.

(FOUT) Naar aanleiding van uw schrijven d.d. 6 augustus doet het ons genoegen u mede te kunnen delen...

(GOED) Hartelijk dank voor de uitnodiging die u ons op 6 augustus stuurde. Het lijkt ons inderdaad een goed idee een conferentie te organiseren over de toenemende computerfraude in Nederland...

(FOUT) Onder dankzegging voor uw uitnodiging verblijven wij, met gevoelens van hoogachting...

(GOED) We hopen dat andere bedrijven eveneens zullen reageren. Uw initiatief is het zeker waard.

Als we beide paren nauwgezet vergelijken, dan valt op dat het verschil dieper ligt dan *minder formeel* versus *formeel*. De goede zinnen zijn inderdaad minder formeel. Maar er is sprake van een veel belangrijker verschil: in de goede zinnen wordt ingegaan op de *specifieke* aspecten van de communicatieve situatie. Deze zinnen hebben expliciet betrekking op de uitnodiging die de lezer in eerste instantie aan de schrijver gestuurd heeft. De foute zinnen zijn vervangbare stoplappen. Deze zouden ook in tal van andere brieven kunnen opduiken. Wie in de geest van de goede zinnen schrijft, produceert niet alleen een brief die veel beter klinkt, maar bereikt ook dat de lezer zich niet afgescheept voelt met standaardformules.

Een verzorgde maar niet te formele stijl is niet alleen wenselijk bij de opening en afsluiting van een brief. Het is in het algemeen, over de uitzonderingen spreken we straks, aan te raden eenvoudige en correcte formuleringen te gebruiken. De volgende zinsparen laten dit zien.

(FOUT) U gelieve in deze zending aan te treffen...

(GOED) In deze zending vindt u...

(FOUT) De oorzaak hiervan is gelegen in de omstandigheid dat...

(GOED) Dit komt doordat...

(FOUT) Echter, in verband met problemen met betrekking tot de productie...

(GOED) Maar omdat er problemen in de productie zijn...

U ziet dat de goede zinnen korter, preciezer en directer zijn. Daarbij komen ze minder verouderd en minder onnatuurlijk over. Er is dus geen enkele reden om, gezeten achter uw schrijftafel, van het gebruik van *maar* en *omdat* over te stappen op *echter* en *daar*.

In sommige gevallen kunt u als schrijver gedwongen zijn toch een zeer formele stijl te hanteren. Wanneer u bijvoorbeeld een brief of notitie vervaardigt, die belangrijke juridische consequenties kan hebben. Om vooral elk mogelijk misverstand te voorkomen, dient u zich dan te voegen naar de taalconventies die in het rechtswezen van toepassing zijn. Dat dit overigens nog niet hoeft te betekenen dat uw taal daarmee onleesbaar wordt, bewijzen Jonker en Van den Hoven (1983).

Verder is een formele stijl aan te raden wanneer u *zeker weet* dat deze door de ontvanger van de brief op prijs gesteld wordt. Er zijn branches waarin *the old language of business* nog bijzonder gekoesterd wordt. Het kan in sommige gevallen verkieslijk zijn daarmee tot op zekere hoogte rekening te houden. Een advocatenkantoor kent doorgaans een minder vooruitstrevende cultuur dan een softwarebureau. U zou daar bijvoorbeeld bij een sollicitatie op in kunnen spelen. Van de andere kant moet u zich realiseren dat zo'n aanpassing natuurlijk wel de status quo bevestigt en in stand houdt. Misschien is de rol van frisse wind u wel op het lijf geschreven.

Om dergelijke stijlverschillen te illustreren hebben we op pagina 56 en 57 twee brieven opgenomen waarvan de inhoud branchegebonden is. Zoek minstens zeven stijlverschillen in deze brieven, respectievelijk afkomstig van een reclamebureau en een notariaat.

F.M.J. HERMANS, Notaris

Domplein 22
Utrecht
Telefoon 030 – 231 45 94*

POSTBUS 42
3500 AA Utrecht

Candidaat-notarissen:
Mr. P.C.J. Mulder
Mr. A.J. Ashouwer

De Weledele Heer...., en
Mevrouw....
....
.... UTRECHT

Betreft: UTRECHT, *20 april 1996.*

Behandeld door: *sw. (H-5428).*

Geachte Heer....
Geachte Mevrouw....

Inzake het door u beiden in eigendom verkregen onroerend goed........ te Utrecht, doe ik U hierbij toekomen:
./.. a. het bewijs van eigendom in duplo;
./.. b. een uittreksel uit het kadaster, betreffende Uw inschrijving als eigenaars, in duplo; en
./. c. het afschrift van de akte houdende verblijvingsbeding.
(akten de dato 15 maart 1996).

Hoogachtend,

Bijlage 5.

Postrekening 657974
Bankrekeningen: A.B.N. nr. 55.50.35.085
Amro Bank nr. 45.64.69.346
Centrumbank nr. 94.99.99.563
Credietbank en Effectenbank nr. 69.92.63.328
N.M.B. nr. 68.72.62.615
Rabobank Utrecht nr. 38.42.60.925
Slavenburg's Bank nr. 64.25.54.706

> ....
> .... AMSTERDAM, POSTBUS...., 1006 AE AMSTERDAM. TEL 020-....
> TELEX.... TELEKOP. 020-....
>
> ....
> Postbus....
> 1001 AH AMSTERDAM
> t.a.v. Mevrouw M.....
>
> Amsterdam, 10 juli 1996
>
> Hallo Monique,
>
> Wij, ..., komen door 'stressie situaties' bij...., mogelijk met een van onze trainees in tijdsproblemen.
> Wij begrepen van jullie dat het bij ... momenteel zeer druk is, zodat de voor jullie niet als prioriteit geldende items, naar latere tijdstippen moeten worden verplaatst.
>
> Hopende op een positieve reactie van jullie op deze noodkreet, verblijf ik met vriendelijke groetjes, en graag tot morgen op de persconferentie.
>
> .... B.V.
>
> ....

Hanteer een dynamische stijl

Omhaal en omslachtigheid zijn stijlkenmerken die u beter kunt vermijden. Lees bijvoorbeeld eens het volgende fragment:

 'Wat uw voorstel aan de Beleidscommissie van 10 september betreft, kunnen wij u mededelen dat wij na zorgvuldige bestudering in de commissievergadering besloten hebben dat het in aanmerking komt voor doorzending naar de Raad van Bestuur.'

Het duurt behoorlijk lang voordat de schrijver eindelijk terzake komt. De kern van de boodschap – het voorstel gaat naar de Raad van Bestuur – volgt pas *nadat* er in één zin diverse andere mededelingen zijn gedaan. Het kan ook andersom:

(GOED) 'Uw voorstel van 10 september zenden wij door naar de Raad van Bestuur. We hebben het zorgvuldig bestudeerd, en onze conclusie is dat het een grondige bespreking in de Raad verdient.'

Wanneer het mogelijk en nodig is, kunt u snel terzake komen. Wijdlopige en omslachtige aanloopconstructies kunnen dan achterwege blijven, zodat uw brief met recht dynamisch genoemd kan worden. In onze voorbeeldpassage komt die dynamiek trouwens niet alleen door het vooraan in de zin plaatsen van de belangrijke informatie. De variatie in zinslengte draagt daartoe ook bij. In het eerste fragment is alle informatie bijeengepropt in een worstzin (één hoofdzin met drie bijzinnen), hetgeen een saaie, ambtelijke indruk achterlaat. In het tweede fragment staat de kernboodschap pregnant in een korte zin, terwijl de toelichting daarop in een wat langere zin is weergegeven. Het eerste fragment bevat ook een typische omhaalconstructie: 'kunnen wij u mededelen dat...'. Het is een regelmatig terugkerend patroon, dat een mededeling of vraag eerst wordt *aangekondigd* en dan pas *feitelijk* wordt gedaan. De volgende voorbeelden laten zien dat het veel minder omslachtig kan.

(FOUT) Daarom vragen wij u, of u aan het voorgestelde onderzoek zoudt willen meewerken.

(GOED) Zoudt u aan dit onderzoek willen meewerken?

In het goede fragment is de vraag ook echt een vraag.
Ook *naamwoordstijl* kan de dynamiek van uw brief in de weg staan. Vergelijk bijvoorbeeld de volgende fragmenten.

(FOUT) De mogelijkheid bestaat dat een verhoging van de detailhandelsmarge een vergroting van de omzet tot gevolg heeft.

(GOED) Als we de detailhandel een grotere marge gunnen, zetten we waarschijnlijk meer om.

In het foute fragment domineren de *zelfstandige naamwoorden*, zodat de zin een statisch karakter heeft. In het goede fragment zijn waar mogelijk *werkwoorden* gebruikt en het dynamische effect daarvan is duidelijk. Er is sprake van een actie en niet slechts van een aantal onderling gerelateerde abstracta. Wie een vlotte schrijfstijl nastreeft, doet er dus goed aan niet te veel genominaliseerde werkwoorden te gebruiken.
Een soortgelijk advies geldt ook voor het gebruik van de *lijdende vorm*. Lees ter illustratie de volgende fragmenten.

FOUT Op basis van de informatie die verzameld werd, werd een vragenlijst opgesteld, die vervolgens aan alle betrokkenen verzonden is. Van ongeveer de helft werd tot op heden geen antwoord ontvangen...

GOED Op basis van deze informatie hebben we een vragenlijst opgesteld. Alle betrokkenen hebben deze ontvangen, maar tot dusver heeft pas de helft gereageerd.

Het verschil tussen het foute en het goede fragment is dat er in het goede fragment *personen* voorkomen, die daadwerkelijk de beschreven *handelingen* verrichten. In het foute fragment is dat niet het geval. Wie voor wat verantwoordelijk is, blijft onduidelijk. Wie een actieve indruk wil maken, zal *actief* moeten schrijven.

Ons laatste advies in deze paragraaf gaat over de zogenoemde tang- of klemconstructie. Vergelijk de volgende fragmenten.

FOUT De door uw firma in het vorige kwartaal eenzijdig doorgevoerde prijsverhoging verontrust ons buitengewoon.

GOED We zijn buitengewoon verontrust door de prijsverhoging die uw firma in het vorige kwartaal eenzijdig heeft doorgevoerd.

GOED In het vorige kwartaal heeft uw firma eenzijdig een prijsverhoging doorgevoerd. Dit verontrust ons buitengewoon.

Wanneer u probeert het eerste fragment hardop te lezen, zult u merken dat u bij het woord prijsverhoging in ademnood begint te raken. De bijbehorende bijzin is in zijn geheel tussen 'de' en 'prijsverhoging' gepropt. In het eerste goede fragment kunt u zien dat het gebruik van een echte relatieve bijzin al duidelijker is. Een splitsing van de zinnen, zoals in het tweede goede fragment, is misschien nog wel de beste oplossing.

Leest u de PTT-brief op pagina 31 nog eens. Deze staat vol met indirecte formuleringen, hierdoor wordt de brief erg onduidelijk.

Er zijn nog tal van andere stijlkenmerken die eveneens van invloed zijn op de dynamiek van uw brief. Aan enkele hiervan (archaïsmen en *rubber stamps*) wordt preciezer in dit boek aandacht besteed op pagina 54 en 55. Voor meer en uitgebreidere stijladviezen verwijzen we naar Steehouder e.a. (1992) en Drop en De Vries (1977). Goede stijl*oefeningen* vindt u in Dijkstra en Van Delden (1985).

Schrijf duidelijk en concreet

Zakelijke correspondentie heet dan wel zakelijk, maar is dat lang niet altijd. Het is verbazend hoe vaak nietszeggende gemeenplaatsen worden gepresenteerd in plaats van (beschikbare) concrete informatie. Een paarsgewijze vergelijking van de voorbeeldzinnen toont het verschil.

(FOUT) Wij doen er alles aan...

(GOED) Wij hebben de volgende maatregelen genomen...

(FOUT) In de begroting is een aanzienlijk bedrag gereserveerd...

(GOED) In de begroting is ƒ 50.000,- gereserveerd...

(FOUT) Wilt u ons zo gauw mogelijk laten weten...

(GOED) Wilt u ons voor aanstaande vrijdag laten weten...

(FOUT) Op korte termijn worden er plannen ontwikkeld die herhaling in de naaste toekomst moeten voorkomen...

(GOED) Voor 15 september presenteren we u een nieuw plan. Dit zal naar verwachting al op 1 oktober van kracht worden, zodat vanaf die datum herhaling onmogelijk is...

U wordt zelf ook graag precies ingelicht. Laat daarom ook uw lezers weten waar ze aan toe zijn.
U dient vooral concreet te zijn wanneer u in uw tekst *verbanden* probeert duidelijk te maken. Vage en weinig gespecificeerde verbanden wekken bij de lezer verwarring en doen hem vermoeden dat de schrijver zelf niet voldoende thuis is in de behandelde materie. De volgende voorbeelden illustreren dit.

(FOUT) Stagnerende afzet in het buitenland heeft ongetwijfeld te maken met de daling van de dollarkoers. Ook het herlevende Amerikaanse protectionisme, dat natuurlijk in relatie tot de Japanse exportpolitiek gezien moet worden, zal aan een en ander niet vreemd zijn.

Begrijpt u welke verbanden hier precies gelegd worden? Wat is bijvoorbeeld de relatie die we kennelijk moeten zien tussen het Amerikaanse protectionisme en de Japanse exportpolitiek? Betreft het een oorzaak-gevolg of is het redengevend? En is het één nu de reden van het ander, of andersom?

Om deze vragen te voorkomen, bent u als schrijver verplicht dergelijke verbanden voor uw lezers te specificeren. Vage verbindingen als 'te maken hebben met', 'in relatie tot' en 'niet vreemd zijn aan' en vage termen als 'een en ander' dient u te vervangen door preciezere termen. In de herschrijving (het goede fragment) hebben wij dit gebrek aan duidelijkheid opgelost. U dient zich echter te bedenken dat deze herschrijving *onze interpretatie* is van de oorspronkelijke tekst. De foute versie is immers zo vaag, dat er nog een flink aantal andere interpretaties mogelijk is.

(GOED) De afzet stagneert en daarvoor zijn twee oorzaken aan te wijzen. Ten eerste, de recente daling van de dollarkoers. Ten tweede, de herleving van het Amerikaanse protectionisme, dat op zijn beurt weer wordt veroorzaakt door de Japanse exportpolitiek.

Nu is het specificeren van verbanden lang niet altijd een eenvoudige zaak. Het kan voorkomen dat u bij het reviseren van een tekst ontdekt dat u een bepaald verband niet *kunt* preciseren. De volgende zin springt u bijvoorbeeld in het oog.

(FOUT) In september 1995 hebben we het nieuwe logistiekprogramma LOGILEX geïmplementeerd. De gemiddelde doorlooptijd blijkt in het afgelopen kwartaal te zijn gedaald van 72 uur (meting 01/09/95) tot 54 (meting 15/12/95).

U beseft dat hier op zijn minst een verband gesuggereerd wordt: de implementatie is de *oorzaak* van de verminderde doorlooptijd. Bent u inderdaad van mening dat dit zo is, dan kunt u het verband gemakkelijk preciseren door bijvoorbeeld 'daardoor' in te voegen. Durft u zo'n duidelijke uitspraak *niet* voor uw rekening te nemen, dan heeft u de keus uit drie mogelijkheden: nadere informatie verzamelen (meer zekerheid), de suggestie geheel uit de tekst verwijderen of uw twijfels duidelijk laten uitkomen. Dit laatste kan bijvoorbeeld als volgt.

(GOED) De gemiddelde doorlooptijd is gedaald van 72 uur (meting 01/09/95) tot 54 uur (meting 15/12/95). Deze daling is waarschijnlijk voor een deel toe te schrijven aan de implementatie van het nieuwe logistiekprogramma LOGILEX. Een andere mogelijke verklaring...

Een optie die we u beslist afraden is het handhaven van het foute fragment, terwijl u *niet* zeker weet of het gesuggereerde verband ook daadwerkelijk te leggen valt. Een kritisch doorvragende lezer kan u dan danig in verlegenheid brengen.

Kies voor een positieve benadering

Taal is een machtig middel. Hoe we tegen de werkelijkheid aankijken wordt in hoge mate door taal gereflecteerd en bepaald. U kent allemaal het klassieke voorbeeld: het *halflege* glas tegenover het *halfvolle* glas. De situatie in de werkelijkheid is volkomen identiek, maar de *verwoording* ervan maakt een wereld van verschil.

Dit heeft belangrijke implicaties voor het promotionele aspect van uw brief. Een en dezelfde situatie kunt u door middel van stilistische middelen meer en minder problematisch weergeven. Vergelijkt u de volgende paren maar eens.

(FOUT) Tot onze spijt moeten wij u meedelen dat wij de 8600-chip niet in voorraad hebben. Helaas was u net te laat met uw bestelling: wij hadden de dag ervoor een laatste partij aan een van onze andere klanten geleverd.

(GOED) De 8600-chips, die u bestelde, worden momenteel aangevoerd via Japan. Over tien dagen zullen ze bij uw bedrijf worden aangeleverd.

(FOUT) Helaas zijn wij genoodzaakt onze zaak een dag te sluiten. Wij hopen dat u dit niet erg vindt. Vanaf dinsdag bent u echter weer welkom.

(GOED) Op maandag is onze zaak dicht: dan steken wij haar in een nieuw jasje, zodat u nog plezieriger zult kunnen winkelen. Dinsdag kunt u zich daarvan overtuigen.

De goede versies maken een geheel andere indruk dan de foute versies. Hoe komt dat? In het eerste foute fragment worden tal van negatieve woorden gebruikt, zoals: *tot onze spijt, niet, helaas, net te laat*. Die woorden benadrukken de problematische aspecten van de situatie. Centraal staat wat er *niet* kan en niet gebeurt. De goede versie benadert de situatie positief: de klant weet precies waar hij aan toe is en ziet dat er aan de order gewerkt wordt.

Iets dergelijks geldt voor het tweede voorbeeld. In de foute versie wordt gebruik gemaakt van de negatieve bewoordingen: *helaas, genoodzaakt, niet erg vindt*. Dat geeft de klanten het gevoel dat er iets vervelends aan de hand is. De goede versie daarentegen benadrukt wat het plezierige nut is van de winkelsluiting. Dit positieve aspect staat centraal en niet de sluiting zelf, zoals in de foute versie.

Dezelfde informatie en toch een duidelijk verschil in effect op de lezer. De foute versies laten een negatieve indruk achter, de goede versies een positieve indruk. Die indruk betreft niet alleen de situatie waarover geschreven wordt, maar ook de organisatie. Vooral bij het eerste voorbeeld is dat duidelijk. De goede eerste versie wekt associaties met een actief bedrijf, de foute eerste versie met een bedrijf dat nogal wat problemen ondervindt.

Een *positieve* benadering van datgene waarover u schrijft is dus van wezenlijk belang voor effectieve zakelijke correspondentie. Nu is dat gemakkelijker gezegd dan gedaan. Er zijn immers tal van brieven die in essentie erg negatief nieuws bevatten of die op zijn minst een negatief aspect hebben. Reacties op klachten, een order die niet uitgevoerd kan worden of een vraag om meer personeel die u niet kunt honoreren zijn allemaal situaties die in wezen als slecht nieuws gekarakteriseerd moeten worden.

In zulke gevallen moet u zeker geen knollen als citroenen presenteren. Wat u wel kunt doen, is uitgaan van een positieve grondhouding. Dit wil bijvoorbeeld zeggen: het slechte nieuws niet slechter maken dan het is, samen met de lezer naar alternatieven zoeken en oog hebben voor de positieve kanten van de zaak.

We geven u nu enkele richtlijnen waarmee u kunt voorkomen dat uw brief *onnodig* negatief klinkt.

Ten eerste, negatief klinkende woorden en wendingen moet u niet gebruiken als er ook een positiever alternatief voor handen is (het halfvolle glas). Ten tweede, als er aan een bepaalde situatie verschillende kanten zitten, dan kunt u door uw schrijfstijl extra aandacht vragen voor de plezieriger kanten. En ten derde, misschien wel het belangrijkste advies, benadruk te allen tijde wat u *wel* kunt of wilt doen en niet wat u *niet* kunt of wilt doen.

De volgende voorbeelden laten zien, dat het in veel gevallen zeer goed mogelijk is een positief alternatief te vinden, zonder in stroopsmeerderij of geforceerde opgewektheid te vervallen. De negatieve termen zijn onderstreept.

(FOUT) Wij betreuren het ongemak dat u gehad heeft met de defecte machine.

(GOED) Uw machine is gerepareerd: u zult er nog vele jaren plezier van kunnen hebben.

(FOUT) Wij moeten uw verzoek om onze installatie te mogen gebruiken weigeren.

(GOED) Onze installatie kan alleen voor zakendoeleinden gebruikt worden.

FOUT Een tweede <u>probleem</u> betreft de levering van de vazen uit Murano. Deze zijn in principe uit voorraad leverbaar. Wij <u>weten</u> echter <u>niet</u> welke maat u verlangt. Uit de orderspecificatie <u>viel</u> dit <u>niet op te maken</u>.

GOED De vazen uit Murano kunnen wij u direct leveren. We hebben ze zelfs in 3 maten: 60, 65 en 70 cm doorsnee. Als u ons morgenvroeg even laat weten welke maat u wenst, dan staan ze nog diezelfde middag in uw zaak.

FOUT Het spijt ons u te moeten meedelen dat de grote zaal waar u om vroeg <u>niet beschikbaar is</u> op 10 augustus. We hebben echter wel een andere zaal voor u, maar daar is <u>slechts</u> plaats voor 60 personen.

GOED Op 10 augustus hebben we voor u nog de blauwe zaal ter beschikking. Deze biedt plaats aan 60 personen. We houden deze zaal voor u vast totdat u een beslissing genomen hebt.

FOUT Uw <u>klacht</u> over de <u>gebrekkige</u> werking van de compressor is begrijpelijk.

GOED Wij begrijpen uw zorgen over de werking van de compressor.

FOUT U heeft een <u>verkeerde</u> conclusie getrokken, want op blz. 5 van onze overeenkomst <u>staat duidelijk</u>, dat u in zulke gevallen <u>voor de kosten opdraait</u>.

GOED Als u blz. 5 van onze overeenkomst leest, dan zult u het met ons eens zijn dat wij in zulke gevallen de kosten niet dragen.

De laatste voorbeelden laten zien dat u ook door het gebruik van *neutrale* termen een heel ander effect teweeg kunt brengen. Het is namelijk niet in alle gevallen mogelijk een positief alternatief te formuleren. In zulke gevallen is een neutrale formule een uitstekende optie.

De volgende brief toont aan dat ook nu nog 'antieke' brieven geschreven worden. In deze brief – die niet meer is dan een standaardbrief – is niet één van de hierboven genoemde adviezen opgevolgd.

Bouwbedrijf Goldewijk bv
Nijverheidsweg 12
Postbus 320
7000 AH Doetinchem
Telefoon 08340 3 43 51
Telefax 08340 2 36 31
K.v.K. Arnhem nr. 44980
Bank: ING te Doetinchem
Rek.nr. 69.30.13.230
Bank: RABO te Doetinchem
Rek.nr. 38.43.14.848
Postbank: 2206727

Mevr. Palm
Houtduif 6
3481 DC Harmelen

Doetinchem, 14 september 1995

Service nummer   : 9506449
Uw Contactpersoon : N.A. Klaassen.

Geachte mevrouw ,

Hierdoor bevestigen wij u dat uw klacht inzake afbrokelen van de rubbers van de ramen en deuren door ons in behandeling is genomen.
Uw klacht is doorgespeeld naar de firma Agterhof, deze zal binnenkort contact met u opnemen.

Wij gaan ervan uit dat door hen deze klacht correct zal worden afgehandeld.
Mocht dit niet het geval zijn, dan verzoeken wij u contact op te nemen met de heer N.A. Klaassen.

Vertrouwende u hiermede van dienst te zijn geweest, verblijven wij,

hoogachtend,
Bouwbedrijf Goldewijk BV

M. Goldewijk

Op al onze inkopen, leveringen en/of offertes zijn, mits anders overeengekomen, respectievelijk van toepassing de in- en verkoopvoorwaarden van Goldewijk als gedeponeerd bij de Arrondissementsrechtbank te Arnhem onder respectievelijk nummers 3079/1993 en 179/1993.
Een exemplaar van deze voorwaarden wordt u op eerste verzoek gratis ter hand gesteld.

8 De afwerking: een goede brief heeft stijl

Een *perfect verzorgde* brief is, naast de in de vorige hoofdstukken besproken voorwaarden, een andere noodzakelijke voorwaarde die zal bijdragen aan het bereiken van het doel dat u met uw brief beoogt. Ook het langetermijndoel is erbij gebaat. Een goed verzorgde brief laat immers een goede indruk achter van de organisatie. De inhoud moet dan wel met de uiterlijke verzorging in overeenstemming zijn.

In de herschrijfopdracht van hoofdstuk 3, deel 2, een brief van een containerreinigingsfirma, komt het belang van een goede uiterlijke verzorging heel duidelijk naar voren. Juist in een schoonmaaksituatie is een verzorgde brief uitermate belangrijk. De brief van deze firma is echter een vies vodje, wat weinig goeds belooft voor het reinigen van containers. Waarschijnlijk hebben meer mensen dit gedacht, want we hebben nooit meer iets van deze firma gehoord.

Wanneer nu, vindt een lezer een brief verzorgd? Allereerst moet de brief *geen rommelige indruk* maken, de lay-out moet netjes zijn. Tegenwoordig wordt in brieven meestal het zogenoemde Amerikaanse bloksysteem gebruikt: iedere alinea begint voor aan de regel en tussen de verschillende alinea's is steeds een regel wit opengelaten.

Onderdeel van een brief is het briefhoofd. In dit *briefhoofd* moet een lezer in een oogopslag kunnen zien wat hij of zij zoekt. Een briefhoofd is altijd voorzien van het logo van de organisatie, zodat meteen te zien is waar de brief vandaan komt. Verder zijn in het briefhoofd opgenomen:

- naam
- adres
- eventueel postadres
- telefoon- en faxnummer
- eventueel E-mail adres
- eventueel bankrelatie
- eventueel registratienummer Kamer van Koophandel.

In het briefhoofd worden ook altijd *naam en adres van de geadresseerde* opgenomen, omdat een enveloppe meestal weggegooid wordt. Door het vermelden van het adres kan men altijd blijven zien aan wie de brief geschreven is. Een correcte adressering bestaat uit de naam van de organisatie waaraan u schrijft, daaronder de naam van de persoon die u aanschrijft, diens functie en afdeling en dan het adres van de organisatie. Wanneer de geadresseerde een titel heeft, dan kunt u deze gebruiken. Tegenwoordig wordt echter nauwelijks nog gebruik gemaakt van aanspreekvormen als: de hooggeleerde, weledelgestrenge enz.

Het kan natuurlijk voorkomen dat u niet alle gegevens kent. Probeer in zo'n geval echter zo nauwkeurig mogelijk te zijn. Hiermee voorkomt u dat een brief, bij wijze van spreken, een weeklang door een organisatie zwerft voordat deze de juiste persoon bereikt. Onder de gegevens van de geadresseerde komt het volgende rijtje:

datum: ons ref.nr.: uw ref.nr.: onderwerp:

De dag waarop u de brief schrijft is vanzelfsprekend de informatie die u onder *datum* zet. Gebruikelijk is het om de naam van de maand in letters, eventueel afgekort, te schrijven. Hierdoor voorkomt u verwarring met schrijfwijzen in andere landen, waar men vaak eerst de maand noemt en dan pas de dag. Dus bijvoorbeeld 12 okt. 1995 en niet 12-10-95, want dat zou voor sommige lezers 10 december 1995 kunnen betekenen.

Referentienummers, ook wel ons kenmerk/uw kenmerk, zijn nummers waaronder de brieven bewaard worden. Een brief is zo altijd terug te vinden. 'Ons ref.nr.' is dus altijd ingevuld, 'uw ref.nr.' alleen als er sprake is van een reactie op een brief.

Het onderwerp dient u vervolgens kort en bondig aan te geven. Gebruik hiervoor geen zin, maar een zelfstandig naamwoord. Houdt u het onderwerp neutraal, dit is vooral van belang bij slecht nieuws brieven. In plaats van *onderwerp* wordt ook wel de aanduiding *betreft*: gebruikt.

Het briefhoofd, de adressering en het rijtje met de datum en dergelijke kunnen zoveel ruimte in beslag nemen, dat een A4-vel al voor de helft beschreven is voor de eigenlijke brief begint (vandaar dat het rijtje met de datum en dergelijke meestal horizontaal is). Om dit te voorkomen verplaatsen bedrijven vaak informatie uit het briefhoofd naar de onderkant van de pagina. Hierna treft u een aantal voorbeelden aan.

1 De kleine lettertjes staan onderaan de pagina.
    Wanneer een brief uit verscheidene pagina's bestaat, dan is op de volgvellen meestal alleen het logo gebruikt.

2 Iedere Rabobank-vestiging gebruikt het Rabobank-logo. We spreken in zo'n geval van een *huisstijl* van een organisatie. Iedere vestiging heeft op dezelfde manier zijn *eigen* naam, adres enz. op het briefpapier staan.

In de cases van het tweede deel is het de bedoeling dat u ook briefhoofden maakt. Na het briefhoofd volgt *de aanhef*. Zoals al eerder is opgemerkt vindt iedere lezer het prettig als hij of zij *persoonlijk* wordt aangesproken. Probeer dus in de aanhef de naam van de geadresseerde te gebruiken. *Geachte...* is de meest gebruikelijke aanhef. *Beste..., Hallo...* en dergelijke kunt u alleen gebruiken wanneer de relatie tussen u en de geadresseerde dat toelaat. Enkele voorbeelden van een aanhef zijn:
- Geachte mevrouw Van den Berg,
- Geachte heer Kippersluis (eventueel mijnheer, niet meneer),
- Geachte omwonenden,
- Geachte inwoners,

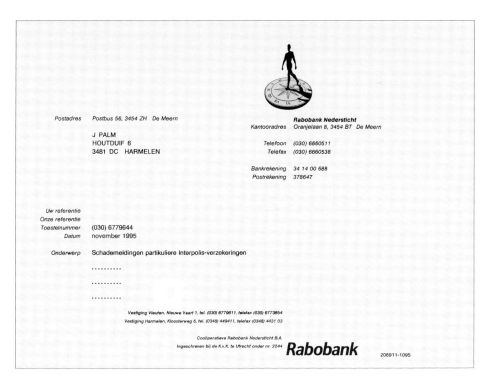

- Geachte leden van de directie,
- Geachte leden van de milieucommissie,
- Geachte dames en heren van de directie.

Bij het laatstgenoemde voorbeeld moet u er wel zeker van zijn dat de directie inderdaad uit dames en heren bestaat. Voorbeelden van minder correcte aanheffen, omdat ze minder persoonlijk zijn:
- Geachte heer/mevrouw,
- L.S.,
- Zeer geachte professor,
- Mijne heren.

Mijne heren geeft een heel negatief beeld van de schrijver/organisatie als blijkt dat de lezer een vrouw is. Bij de aanhef *Zeer geachte professor* is het een kleine moeite de naam van de aangesprokene te vermelden.
Het is niet gebruikelijk iemands titel en/of voorletters in de aanhef te gebruiken. Dus niet:
- Geachte mevrouw doctorandus Palm-Hoebé,
- Geachte meester Lodder,
- Geachte doctor Ten Hagen.

Daarentegen wordt *professor* wel eens in een aanhef gebruikt. De reden hiervoor is dat een professor ook zo aangesproken kan worden in het mondeling taalverkeer. Dus *Geachte professor Palm* zou een correcte aanhef zijn.

Na de aanhef volgt meestal een komma, waarna de eigenlijke brief begint. Deze begint wel met een hoofdletter! Na de eigenlijke brief volgt *de ondertekening*. *Hoogachtend* of *Met vriendelijke groet* zijn correcte afsluitingen. Niet correct, want veel te ouderwets en nietszeggend, zijn bijvoorbeeld:
- U vriendelijk groetend teken ik;
- In afwachting van uw antwoord verblijven wij;
- Intussen verblijf ik met de meeste hoogachting.

Tot slot volgt uw handtekening met daaronder uw naam. Handtekeningen zijn immers vaak onleesbaar. Onder uw naam vermeldt u uw functie en eventueel de afdeling waar u werkt. De lezer kan u, indien nodig, dan snel traceren.
Soms staat in een ondertekening: voor deze, i.o.v. (in opdracht van) of b.a. (bij afwezigheid). Bij dergelijke vermeldingen heeft een andere persoon de brief ondertekend dan de werkelijke schrijver of opdrachtgever. Soms gebeurt dat omdat de schrijver er niet was op het moment dat de brief getekend moest worden. Vaak ook is het schrijven van de brief aan een ander gedelegeerd en staat vervolgens diens handtekening onder de brief.

Als u bovenstaande adviezen ter harte neemt, dan zal de uiterlijke verzorging van uw brieven in orde zijn. Let wel dat het hier richtlijnen betreft en geen dwingende voorschriften. Het doel is dat uw brief een verzorgde en correcte indruk achterlaat. En dat is ook wat de verzorging betreft meer dan een kwestie van zo hoort het en zo hoort het niet. Ter illustratie een voorbeeld van een goed verzorgde brief.

Technische Hogeschool Twente

AUDIO - VISUEEL CENTRUM

Mevrouw M. Palm-Hoebé
Standerdmolen 6
3481 AG Harmelen

Uw kenmerk	Ons kenmerk	*Telefoon 053	Datum
	WMW.40.82.241	893627	12 maart 1985

Onderwerp
Videobanden Leren Communiceren

Geachte mevrouw,

Als onze informatie klopt, geeft u taalbeheersingsonderwijs aan een instelling voor HBO of WO. Wellicht gebruikt u daarbij ook ons boek Leren Communiceren.

Het leek ons daarom de moeite waard u attent te maken op een reeks videoprogramma's die aan de TH Twente is ontwikkeld ter ondersteuning van het onderwijs dat wij zelf verzorgen. Deze programma's zijn primair bedoeld als aanvulling op de hoofdstukken over mondelinge communicatie uit Leren Communiceren, maar ze zijn naar ons oordeel ook naast andere boeken bruikbaar.

Het gaat om demonstratiebanden over het houden van een voordracht en het leiden van een vergadering, en een oefenband voor het notuleren van een vergadering. Het ligt in de bedoeling de reeks banden nog uit te breiden.
Voor nadere informatie verwijs ik u naar bijgaande folder.

We hopen u met het toesturen van deze informatie van dienst te zijn.

Hoogachtend,

namens de auteurs van Leren Communiceren

drs. M.F. Steehouder

Enschede Drienerlo Postbus 217 Telefoon 053-899111 Telex 44200   *Doorkiesnummer

Deel 2 Oefenopdrachten

Inleiding

In dit gedeelte vindt u 5 voorbeeldcases, 5 herschrijfopdrachten en 20 cases, waarmee u uw vaardigheid in het schrijven van zakenbrieven kunt oefenen.

Aard en herkomst van de oefenopdrachten

De opdrachten zijn in vijf categorieën ondergebracht. Categorie 1 bevat opdrachten waarin de briefschrijver voornamelijk *informatie* moet *verstrekken*. In categorie 2 ligt het accent op het *kweken van goodwill* bij externe publieksgroepen. In categorie 3 gaat het erom dat de briefschrijver de *medewerking* verkrijgt van mensen in zijn organisatie. In categorie 4 staat het *melden van klachten* centraal, terwijl in categorie 5 aandacht wordt besteed aan misschien wel de moeilijkste taak voor een briefschrijver: *slecht nieuws brengen*.

Elke categorie begint met een voorbeeldcase. Deze bestaat uit een *situatieschets* en een *opdracht*. In de situatieschets wordt beschreven in wat voor bedrijf of instelling het probleem speelt, wie erbij betrokken zijn en wat het probleem precies inhoudt. In de opdracht wordt u in de rol geplaatst van een betrokkene die naar aanleiding van het probleem in kwestie een brief dient te schrijven. Bij deze voorbeeldcase geven we een uitwerking weer zoals die door een van onze studenten gemaakt is. We stellen een aantal vragen bij de uitwerking, die betrekking hebben op de adviezen en richtlijnen uit deel 1. Met behulp van deze vragen geven we commentaar op de uitwerking van de case. Dit commentaar dient om u inzicht te verschaffen in de *do's & don'ts* van de betreffende categorie.
Na deze voorbeeldcases treft u in iedere categorie een herschrijfopdracht aan. Deze bestaat uit een brief met daarbij een aantal vragen zoals u die ook aantreft bij de voorbeeldcases. Alleen dient u nu zelf het antwoord op de vragen te geven en daarmee de brief van commentaar te voorzien. Geen van deze brieven voldoet goed aan de richtlijnen uit deel 1 en de opdracht luidt dan ook: herschrijf de brief zo dat hij (beter) aan de richtlijnen uit deel 1 voldoet. De her-

schrijfopdracht fungeert als voorbereiding op de overige opdrachten: cases zonder vragen en uitwerking. In de cases dient u op grond van een situatieschets, zoals we die ook geven bij de voorbeeldcases, een brief te schrijven.

De communicatieproblemen in de cases zijn aan de praktijk ontleend. Een aantal situaties is ons gerapporteerd door afgestudeerde Nijenrodianen, die zich in hun beroepspraktijk geconfronteerd zagen met een probleem op het gebied van schriftelijke communicatie. Andere cases hebben we ontwikkeld op grond van informatie van mensen die werkzaam zijn in bedrijven en instellingen. Overige cases zijn gebaseerd op gesprekken met collega's uit onze bedrijfskundefaculteit of op economische krantenberichten.
Onze fantasie hebben we gebruikt om het aangedragen materiaal tot een werkbare case om te vormen. Simplificaties en aanpassingen zijn namelijk altijd nodig. Een volledige schets van een communicatieprobleem in een bedrijf zou een boek beslaan. We hebben bij de simplificatie van de gegevens gestreefd naar een situatieschets die de *kern* van het probleem bevat.
Bij het samenstellen van de oefenopdrachten hebben we nadrukkelijk naar *variatie* gestreefd. Niet alleen de soorten opdrachten lopen uiteen, ook de posities waarin u als schrijver geplaatst wordt, verschillen. De ene keer casten we u als directie-adviseur van een grote multinational en de andere keer als personeelsfunctionaris in een ziekenhuis of als salesmanager in een kleine confectiefabriek. Eén kenmerk hebben alle rollen gemeen: er moet een moeilijke brief geschreven worden.

Hoe gaat u met de oefenopdrachten om?

Wat u vooral *niet* moet doen, is grote delen van de situatieschets van de case overschrijven. Onze ervaring leert dat het zeer verleidelijk is om bij de uitwerking van een opdracht terug te grijpen op de bewoordingen die in de case gebruikt zijn. Dat het leereffect van de opdrachten hierdoor afneemt, is evident. Neem gerust risico en probeer uw brief zelfstandig op te bouwen en vorm te geven. Uiteindelijk ligt er straks, wanneer u in een bedrijf of instelling werkzaam bent, ook geen sjabloon voor u klaar.
Een valkuil die u eveneens moet vermijden, is meteen beginnen met schrijven. Beginnende schrijvers maken vaak de fout door na lezing van de case onmiddellijk met schrijven te beginnen. 'Als de eerste zin er maar vast staat, dan komt de rest vanzelf wel...' is kennelijk hun redenering. Uit het eerste deel van dit boek heeft u kunnen opmaken, dat dit geen effectieve schrijfhouding is. Een goede voor-

bereidingsfase, *pre-writing*, is van wezenlijk belang voor een effectieve zakenbrief. Zonder een adequate analyse van doel, lezer en eigen rol is een geslaagde brief een toevalstreffer. Gun uzelf daarom de tijd om, op basis van de informatie in de case, de contouren van uw brief vast te leggen voordat u met het eigenlijke schrijfwerk begint.

Het is in deze voorbereidingsfase aan te bevelen de adviezen uit deel 1 te raadplegen. De voorbeelduitwerking en het commentaar daarop kunnen u ook van dienst zijn.

Verder is het belangrijk de wisseltruc die we u in hoofdstuk 4 presenteerden, ook daadwerkelijk toe te passen. U zult zien dat u onvermoede eigenschappen van uw brief op het spoor komt, wanneer u deze een poosje laat liggen en hem vervolgens leest met de ogen van de *ontvanger*. Reviseert u uw brief op basis van deze wisseltruc, dan zal deze zeker aan kwaliteit winnen.

Ons laatste advies geldt de verzorging van uw brief. Het is raadzaam in dit opzicht *perfectie* als norm te hanteren. Het is eveneens raadzaam deze perfectie bij elke opdracht na te streven. Op die manier kunnen correct adresseren, aanspreken en ondertekenen een tweede natuur voor u worden (zie hoofdstuk 8).

1 Informatie verstrekken

Bestaat er zoiets als een *puur* informatieve brief? Waarschijnlijk niet, ook als het hoofddoel van een schrijver het verstrekken van informatie is, spelen doorgaans verschillende nevendoelen een rol. Haalt u zich het PR-principe van pagina 16 nog maar eens voor de geest. Het kweken van goodwill is bijna altijd een nevendoel.
In deze categorie vindt u een aantal cases waarin *de nadruk ligt* op informatieverstrekking. Dat andere aspecten ook aan bod komen, zult u al bij de eerste case kunnen merken. In deze categorie aan u nu moeilijke taak om zowel hoofd- als nevendoelen tot recht te laten komen in uw uitwerking.

Voorbeeldcase   F & NF SUPER

Situatieschets

Het BEHOLD-concern bestaat uit een groot aantal supermarktketens. Binnen dit concern is de afgelopen jaren een verregaande reorganisatie doorgevoerd. Een van de resultaten hiervan is een nieuwe werkmaatschappij, F & NF SUPER genaamd, waarin de 200 meest succesvolle F & NF-winkels zijn samengebracht. Deze supermarkten zullen intensiever dan voorheen gaan samenwerken, met name op inkoopgebied. Hierdoor wordt een ander prijsbeleid mogelijk: de traditioneel hoge prijzen van F & NF kunnen behoorlijk omlaag. Kwalitatief blijft F & NF SUPER op hetzelfde doel mikken als voorheen, namelijk een breed assortiment van hoogwaardige artikelen. Organisatorisch is de verandering inmiddels rond. Zij moet alleen nog praktisch uitgevoerd worden. Alle betrokken F & NF's moeten van de nieuwe groen-witte huisstijl voorzien worden, de artikelen moeten opnieuw geprijsd en de consument moet ingelicht worden. Omdat alle filiaalhouders zelfstandige ondernemers zijn – ze werken op basis van een franchisingcontract – wordt het aan henzelf overgelaten hoe zij dit willen regelen. Wel is er afgesproken dat de prijsverlaging gradueel zal verlopen: per 1 oktober worden 100 artikelen in prijs verlaagd, en daarna elke week nog eens 30. Daarnaast zullen er wekelijks nieuwe speciale aanbiedingen komen. Deze zijn voor alle F & NF SUPER's hetzelfde.

Egbert Streuer is een van de filiaalhouders wiens F & NF moet worden omgedoopt tot F & NF SUPER. Hij voert een filiaal in het landelijk gelegen Driestroom. Een plaatsje waar tamelijk veel goed gesitueerden wonen, die bereid zijn en in staat zijn de relatief hoge prijzen van F & NF te betalen. Het assortiment is ook duidelijk op dit publiek afgestemd: de F & NF van Driestroom heeft een zeer uitgebreide delicatessenafdeling, een goed gesorteerde wijn- en kaashoek en een groente- en fruitafdeling met de nodige exotische waren.

Streuer ziet in de verandering een mogelijkheid om ook het minder draagkrachtige deel van de Driestromer bevolking naar zijn supermarkt te lokken. Aan de andere kant bestaat het gevaar dat de vaste klantenkring door de nieuwe aanpak zal worden afgeschrikt. Deze zou kunnen denken dat het assortiment, de service en de inrichting die tot nu toe zo gewaardeerd werden, gaan lijden onder de lagere prijzen. Streuer beseft dat het van groot belang is deze indruk weg te nemen. F & NF SUPER zal niet minder zijn dan de oude F & NF.

Opdracht

U doorloopt een interne opleiding in het BEHOLD-concern. Op dit moment bent u plaatsvervangend bedrijfsleider in de F & NF van Driestroom. Streuer heeft u belast met de voorlichting aan de klanten. Ze moeten in kennis gesteld worden van de naamsverandering en het nieuwe prijsbeleid. Ook moeten ze weten dat de zaak twee dagen dichtgaat vanwege het opnieuw prijzen en het aanbrengen van de huisstijl (vignetten, displays enzovoort). In overleg met Streuer heeft u besloten een huis-aan-huisbrief te schrijven die vijf dagen voor de sluiting bij alle Driestromers wordt bezorgd. De brief zal niet alleen feitelijke informatie moeten verschaffen, maar er ook voor moeten zorgen dat nieuwe klanten naar F & NF SUPER komen en dat er geen vaste klanten wegblijven.

Schrijf deze lastige brief.

Laten we deze brief nu eens aan een kritische beschouwing onderwerpen. We concentreren ons daarbij op een aantal saillante punten.

Is de brief voldoende informatief?
Het hoofddoel, de relevante informatie verstrekken, is bereikt. Alle belangrijke informatie over lagere prijzen, sluiting en heropening,

Voorbeelduitwerking en bespreking

> [Briefhoofd]
>
> Mevrouw, mijnheer,
>
> Ten gevolge van een interne reorganisatie kunnen de F & NF-supermarkten vanaf volgende week een ander prijsbeleid gaan voeren. Door intensiever te gaan samenwerken in de inkoopsector kunnen we onze producten goedkoper leveren.
>
> Ondanks onze lagere prijzen kunnen wij u echter verzekeren dat er niets zal veranderen aan de kwaliteit van ons assortiment. Ook de vertrouwde service en inrichting zullen geheel onaangetast blijven. Wat wel verandert: vanaf volgende week maandag zijn er iedere week stuntaanbiedingen!!! Onze lage prijzen worden dan voor bepaalde producten zelfs superlaag! Vandaar onze nieuwe naam: F & NF SUPER.
>
> Om dit alles naar behoren te kunnen regelen zullen wij helaas genoodzaakt zijn twee dagen onze zaak te sluiten, en wel op maandag 29 en dinsdag 30 september. Wij vertrouwen er echter op dat u begrip heeft voor dit ongemak, en hopen u op 1 oktober te mogen verwelkomen in onze vernieuwde F & NF SUPER.
>
> Met vriendelijke groet,
>
> Jos Schnieders,
> plaatsvervangend bedrijfsleider

naamsverandering en behoud van karakter is in de brief opgenomen. We kunnen ons afvragen of al deze gegevens ook opvallend genoeg gepresenteerd zijn. In dit opzicht lijkt de brief voor verbetering vatbaar.

Is de brief voldoende overtuigend?
Briefschrijver en opdrachtgever mikken ook op twee promotionele nevendoelen: oude klanten behouden en nieuwe winnen. In dit opzicht schiet de voorbeeldbrief tekort. Ten eerste wordt er te sterk vanuit een *management*-oogpunt geredeneerd. Zouden de klanten van F & NF echt geïnteresseerd zijn in interne reorganisaties, het prijsbeleid en de inkoopsector? Hun belangen zijn lage prijzen en goede spullen. Deze zaken zouden dan ook centraal moeten staan in de brief.

Ten tweede zijn de argumenten niet *concreet* genoeg. Alle uitspraken blijven in feite nietszeggend. De zin '... zijn er iedere week stuntaanbiedingen' zou bijvoorbeeld ondersteund kunnen worden met een concreet voorbeeld: 'Zo kunt u volgende week twee flessen Moët & Chandon krijgen voor de prijs van één.'

Ten derde klinkt de brief veel te *defensief*. De verontschuldigende zin: 'Wij kunnen u echter verzekeren dat...', misstaat in een promotionele brief. In veel gevallen roepen dergelijke zinnen juist wantrouwen op. Waar rook is, is immers vuur. Dezelfde boodschap kunt u ook op een positievere manier overbrengen: 'In onze kaashoek – die overigens nog fraaier zal worden dan hij al was – wordt wekelijks een Franse of Italiaanse kaas sterk afgeprijsd.'

Ten vierde kiest de schrijver een persuasieve tactiek die maar hoogst zelden werkt. Het leggen van een schreeuwerige nadruk door het gebruik van uitroeptekens: 'Stuntaanbiedingen!!!' In plaats van deze uitroeptekens zou concrete informatie veel effectiever geweest zijn.

Is de stijl van de brief adequaat?
We wezen al op de verkeerde invalshoek: managerstaal in plaats van klantentaal. Een soortgelijk euvel uit zich ook op stilistisch niveau. Een *klant* gaat naar een supermarkt voor *boodschappen* of *artikelen* en niet voor *producten*. 'Ten gevolge van' is misschien een aardige woordkeus in een ambtelijk rapport, maar niet in een promotionele huis-aan-huisbrief.

De overdreven negatieve woordkeus in de slotalinea (*helaas, genoodzaakt, echter, ongemak*) is eveneens af te raden. Deze woorden roepen namelijk een beeld op van een buitengewoon vervelende operatie. Dat dit onnodig is, hebben we op pagina 62 laten zien.

Ten slotte hanteert de schrijver niet consequent het *u-perspectief*. De brief is overwegend in de eerste persoon geschreven. Pas in het middengedeelte wordt de lezer persoonlijk aangesproken.

Is de brief door de juiste persoon ondertekend?
We nemen deze vraag op, om u er nog eens op te wijzen hoe belangrijk een analyse van de *eigen positie* is. De student die onze voorbeeldbrief geschreven heeft, taxeert de situatie op dit punt verkeerd. *Streuer* is als bedrijfsleider van de lokale supermarkt bekend in het dorp. Het ligt voor de hand dat hij de brief ondertekent en niet de toevallig aanwezige trainee Schnieders. Schnieders zal immers voor de meeste Driestromers een onbekende zijn.

(Herschrijfopdracht) PUEM

PROVINCIALE UTRECHTSE ELEKTRICITEITS MAATSCHAPPIJ N.V.

Werkmaatschappij van de N.V. REMU.

PUEM

postbus 110
3500 AC Utrecht
girorekening 5115
telex 47525
fax (030) 94 16 31
telefoon (030) 97 59 11

DATUM 06-02-1991

J PALM
STANDERDMOLEN 8

3481 AG HARMELEN

debiteurennummer
584028701
gaarne dit nummer bij korrespondentie vermelden.

oor het adres J PALM
STANDERDMOLEN 8
HARMELEN

Geachte verbruiker,

Tot nu toe ontvangt u als verbruiker van de PUEM om de twee maanden een rekening voor de afgenomen elektriciteit.

DAT GAAT VERANDEREN.

Ingaande half januari 1991 gaat u aan de PUEM in plaats daarvan elke maand een vast bedrag betalen voor elektriciteitsverbruik, vastrecht, boilerhuur e.d. Eén keer per jaar vindt er een afrekening plaats.

Daarbij betaalt u elf maanden een vast bedrag per maand. In de twaalfde maand wordt afgerekend en opnieuw het vaste bedrag voor het komende jaar bepaald. Heeft u minder elektriciteit verbruikt dan bij het vaststellen van het vaste bedrag werd aangenomen, dan krijgt u bij het afrekenen geld terug. Heeft u daarentegen meer elektriciteit verbruikt, dan moet u bijbetalen.

Wat ook gaat veranderen is het opnemen van de meter. Op dit moment komt de meteropnemer van de PUEM om de vier maanden bij u langs. Na 1 januari 1991 wordt de meterstand één keer per jaar opgenomen. Ongeveer twee weken na de opname ontvangt u de jaarafrekening.

Deze nieuwe situatie geldt ook voor de verbruikers waar de meter thans door de PUEM elke maand wordt opgenomen en afgerekend. Ook zij gaan per maand een vast bedrag betalen en rekenen één keer per jaar af.

Wat u in eerste instantie per maand gaat betalen en in welke maand de meterstand wordt opgenomen, is hierna vermeld.

Maandelijks termijnbedrag f. 50,00
De meterstand wordt opgenomen in de maand juni

Als u automatisch betaalt vindt u het vaste bedrag elke maand op uw bank- of giroafschrift.
Als u niet automatisch betaalt ontvangt u elke maand een acceptgiro die u binnen de gestelde termijn moet invullen en opsturen.

Heeft u na het lezen van deze brief nog vragen? Bel dan gratis 06-0225555.

Hoogachtend,
PROVINCIALE UTRECHTSE
ELEKTRICITEITS MAATSCHAPPIJ N.V.

Ir. F. van Koppenhagen,
directeur.

Vragen

1 'Presenteer belangrijke informatie opvallend' en 'markeer uw structuur' zijn twee schrijfadviezen. Zijn deze adviezen opgevolgd in de brief? Motiveer uw antwoord.
2 'Verplaats u in de lezer' is een ander advies. Is dat advies in de brief opgevolgd? Motiveer uw antwoord.
3 Is deze brief klantvriendelijk en servicegericht geschreven? Motiveer ook hier weer uw antwoord.

Opdracht

Herschrijf de brief van de Puem aan de hand van uw antwoorden op bovenstaande vragen, zodat hij (beter) aan de richtlijnen uit deel 1 voldoet.

 The Flying Dutchman

Situatieschets

De race-afdeling van de Rijwielfabriek The Flying Dutchman, de grootste racefietsconstructeur van West-Europa, heeft net haar nieuwste folder van de drukkerij binnen gekregen. De directie van de race-afdeling wil de folder, die normaal gesproken alleen naar haar dealers wordt gezonden, dit jaar eens direct bij potentiële afnemers onder de aandacht brengen. Men hoopt op deze manier tot hogere verkoopcijfers te komen.
De folder heeft een informatief karakter. Eerst wordt inleidende informatie gegeven over het bedrijf, zoals 10 000 raceframes en racefietsen per jaar en dergelijke. Daarna volgt uitgebreide informatie over wegracefietsen, over racefietsen voor specialistische onderdelen (cyclo-cross, tijdritten en stayerij), over soorten buismateriaal voor frames, over nieuw ontwikkelde accessoires enzovoort. Informatie die dus duidelijk voor renners is bedoeld, en voor trimmers. De folder is in kleur en rijkelijk voorzien van foto's.

Opdracht

U houdt zich bezig met de externe contacten van de race-afdeling: reclame, sponsoring, public relations en dergelijke. Het is uw taak ervoor te zorgen dat de folder bij de juiste doelgroep terechtkomt. De folder moet voorzien worden van een begeleidende brief.

Om u bij deze eerste oefening wat te helpen, geven we u enkele adviezen:
- U vraagt het adressenbestand van licentiehouders op bij de KNWU. Met dit bestand heeft u meteen de juiste doelgroep te pakken.
- U bedenkt dat voor fietsfanaten de folder eigenlijk interessant genoeg is. U besluit daarom de begeleidende brief kort en louter informatief te houden.

Schrijf deze brief.

Case 2 Niceware Consultants Group

Situatieschets

Niceware Consultants Group (NCG) is een bureau dat bedrijven en instellingen adviseert op het gebied van automatisering. De adviezen van Niceware bestrijken een breed gebied, namelijk:
- de keuze en de aanschaf van zowel hardware als software;
- de problematiek van het aanpassen van software aan hardware;
- opleidings- en omscholingskwesties.

Voor alle aspecten van het automatiseringsproces heeft Niceware specialisten in dienst.
Een van de projecten die Niceware momenteel onder handen heeft, is de automatisering van de verkoopafdeling van Seynaeve Textiel BV. Dit middelgrote familiebedrijf (600 werknemers) produceert stoffen voor confectie-industrieën in binnen- en buitenland. Met name de verkoopafdeling is hard aan automatisering toe. Zonder computer valt niet meer bij te houden hoeveel meter er van de verschillende weefsels in voorraad is, hoeveel de doorlooptijd bedraagt voor een bepaalde bestelling, hoe het zit met prijzen en kwantumkortingen enzovoort. Toch moet al deze informatie steeds vlot beschikbaar zijn, wil er goed met afnemers onderhandeld kunnen worden. Op een kleine groep (voornamelijk oudere) verkopers na, is iedereen het eens over de noodzaak van automatisering. Maar daarmee houdt ook de eensgezindheid op: er zijn grote meningsverschillen over de *wijze* waarop er geautomatiseerd zou moeten worden. Men is het oneens over het *type* systeem dat er moet komen. De volgende vragen worden dan ook gesteld:
- Een centraal mainframe met een terminal op elk bureau?
- Een reeks *stand alone*-microcomputers, met daarnaast een grote computer specifiek voor voorraadbeheer of een aantal micro's dat via een netwerk gekoppeld is?

Men is het oneens over de *taken* die het systeem moet kunnen vervullen:
- Hoofdzakelijk voorraad- en verkoopinformatie verschaffen of ook meteen functies als tekstverwerking integreren?

Men is het oneens over de vraag *wie* het nieuwe systeem moeten gaan gebruiken en *hoe* de omschakeling moet worden uitgevoerd. Bovendien is men het oneens over het *tempo* waarin de automatisering moet gebeuren. Kortom: men is het oneens over alle belangrijke kwesties die met automatisering samenhangen.
Om deze kluwen van samenhangende vragen te ontwarren, is Niceware ingehuurd. Als eerste fase heeft het bureau een zestal mogelijke scenario's opgesteld en alle haken en ogen daarvan geïnventariseerd. Deze inventarisatie is neergelegd in een rapport dat aan alle betrokken medewerkers, ongeveer veertig mensen, zal worden aangeboden.
Het rapport is strikt *beeldvormend*; er wordt nog geen beleidsadvies gegeven. Een beleidsadvies komt in een volgende fase, na intensieve samenspraak met de directie en vertegenwoordigers van de gebruikersgroepen.

Opdracht

U schrijft een aanbiedingsbrief bij dit rapport. Een complicerende factor is, dat er binnen Seynaeve Textiel nogal wat wantrouwen tegen Niceware bestaat: 'Die jongens zijn ingehuurd om het standpunt van de directie door te drukken.' Zowel in de brief als in het rapport kiest u voor een neutrale, informatieve toon. Op basis van wantrouwen valt immers een organisatie niet te veranderen.
Voordat u begint te schrijven, zet u nog eens op een rijtje wat er allemaal in de brief moet staan:
- een aankondiging van de thema's in het rapport;
- een onderstreping van het belang ervan;
- een duidelijke uiteenzetting over hoe uw advieswerk verder zal verlopen en wat de rol van het rapport daarin is.

Case 3 Dupont

Situatieschets

Dupont is een chemiebedrijf dat onder andere verschillende materialen maakt die in het dagelijks leven in tal van producten zijn terug te vinden. Het maakt bijvoorbeeld:
- lycra, een synthetisch garen dat verwerkt wordt in badkleding, leggings en dergelijke;
- teflon, een kunsthars die bijvoorbeeld als anti-aanbaklaag in pannen wordt gebruikt;
- freon, een oplosmiddel en koelmiddel in koelkasten en diepvriezers;
- terathane, een grondstof voor kunstleer en synthetische verven;
- enzovoort.

Voor de productie van deze materialen is een groot aantal chemische stoffen nodig. Sommige van die stoffen kunnen, als ze bij een ongeval vrijkomen, schade toebrengen aan de gezondheid van mensen. Ook aan mensen buiten het bedrijf.
Het gaat om de stoffen zoutzuurgas, chloorgas, fluorwaterstofgas en stoffen in bepaalde afvalproducten. Deze stoffen zijn giftig en kunnen bij hoge concentraties de longen en slijmvliezen ernstig aantasten met mogelijk de dood tot gevolg.
Na de chemische ramp in Seveso in Italië heeft de Europese Gemeenschap de zogenoemde Seveso-richtlijn ontworpen. In deze richtlijn staat dat bedrijven waar grote hoeveelheden van bepaalde chemische stoffen aanwezig zijn, wettelijk verplicht zijn dit bekend te maken aan omwonenden die door een ernstig ongeluk bij het bedrijf getroffen kunnen worden.

Opdracht

U werkt op de afdeling Voorlichting van Dupont. In samenwerking met het Bureau voorlichting van de gemeente Dordrecht draagt u er zorg voor dat deze richtlijn wordt nageleefd. Dat houdt in dat u een brief moet opstellen gericht aan alle omwonenden van Dupont. Hierin geeft u de reden voor uw brief aan, wat Dupont voor bedrijf is en wat de omwonenden moeten doen als er een ongeval plaatsvindt. Instructies daarvoor zijn op een rode geplastificeerde kaart nog eens kort opgeschreven. Een handige plaats voor die kaart is bijvoorbeeld de meterkast.
Het schrijven van de brief is een vervelende klus, want u beseft ter-

dege dat u de mensen misschien onnodig ongerust maakt. U verdoezelt de feiten niet, dat zou indruisen tegen de richtlijn, maar geeft tevens aan dat de kans op een catastrofaal ongeluk uiterst klein is. Het bedrijf produceert al sinds 1962 chemische producten en er is nog nooit een ongeluk met zulke ernstige gevolgen gebeurd. Bovendien zijn het bedrijf altijd zeer strenge voorwaarden opgelegd bij het verlenen van vergunningen en die zullen in de toekomst alleen nog maar strenger worden. Ook zijn er zeer strenge veiligheidsvoorschriften binnen het bedrijf. Verder kunt u nog vermelden dat Dupont en de gemeente een rampenplan hebben uitgewerkt om de gevolgen van een mogelijk ongeluk zoveel mogelijk te beperken.

Schrijf deze lastige brief.

2 Goodwill kweken

In de informatieve brieven uit categorie 1 speelt het begrip goodwill al een duidelijke rol. In deze categorie hebben we echter cases verzameld waarin deze rol nog belangrijker is: goodwill kweken of behouden is het *hoofddoel*. U zult ontdekken dat er in alle gevallen een duidelijke noodzaak is het vertrouwen in de betreffende organisatie te herstellen of te herwinnen. U zult eveneens ontdekken dat dit lang niet altijd eenvoudig is. In sommige gevallen kan slechts een zeer beperkt effect van de brief verwacht worden. Maar ook dan geldt: een slecht opgezette brief bereikt het beoogde effect niet.

(Voorbeeldcase) Van Heyningen Nederland BV

Situatieschets

In 1991 heeft Van Heyningen Nederland BV in de wijk Vronesteyn te Almere een honderdtal koopwoningen gebouwd. Vier jaar later, in de winter van '94/'95, regent het klachten bij Van Heyningen. De woningeigenaren reclameren dat de verf van hun gevelplaten sterk is gaan bladderen waardoor kale plekken ontstaan. De aanblik van de huizen is hierdoor dermate miserabel geworden, dat de verkoopwaarde sterk is gedaald.
De eigenaren beroepen zich op de (normale) bouwgarantie, die, zoals in het contract met Van Heyningen BV is vastgelegd, een looptijd heeft van tien jaar. In deze garantie zijn echter de gevelplaten niet inbegrepen. Verantwoordelijk hiervoor is de leverancier van de platen, de British Steel Corporation. Van Heyningen heeft de klachten daarom doorgespeeld naar het Nederlandse kantoor van BSC in Amsterdam.
In augustus '95 regent het opnieuw klachten bij Van Heyningen. De gevelplaten blijken buiten medeweten van de bewoners te worden overgeschilderd door een schildersbedrijf uit Amstelveen, Tuinman Coating BV. Omdat de bewoners niets wisten en voor het meren-

deel op vakantie waren (juli/augustus), hebben zij geen voorzorgsmaatregelen kunnen nemen. Het resultaat is: moeilijk te verwijderen verfspatten op ramen, zonneschermen, terrassen en tuinmeubelen en overal slierten afgekrabde verf. Veel bewoners kenden hun huis nauwelijks terug toen ze van vakantie terugkwamen, want ook de kleur van de platen was anders: groen in plaats van grijs.

Van Heyningen is ook niet op de hoogte gesteld van deze actie. Een telefoontje naar BSC maakt duidelijk dat BSC opdracht heeft gegeven voor het schilderen en dat BSC de kosten geheel voor haar rekening neemt. Dat de bewoners niet van tevoren zijn ingelicht, wijt BSC aan een communicatiestoornis tussen henzelf en Tuinman Coating BV. Overleg voeren over de kleur had men niet nodig gevonden: de oorspronkelijke kleur was niet meer te krijgen en men heeft gekozen voor een kleur die ook in woonwijken elders gebruikt is.

Hoewel Van Heyningen eigenlijk geen blaam treft, is de directie van dat bedrijf niet gelukkig met de situatie. Voor de bewoners is Van Heyningen toch de verantwoordelijke instantie. Hun klachten zijn, begrijpelijk, daarom ook steeds aan Van Heyningen gericht.

Opdracht

De verantwoordelijke afdeling Kwaliteitsinspectie van Van Heyningen krijgt opdracht de betrokken bewoners tekst en uitleg te geven in een brief. U bent degene die deze brief moet opstellen.

Voorbeelduitwerking en bespreking
Als voorbeeldbrief presenteren we u deze keer niet een brief geschreven door een student, maar een brief van een bedrijf dat zich daadwerkelijk in deze situatie bevond. Namen, plaatsen en dergelijke zijn veranderd. Uit de bespreking blijkt, dat Van Heyningen zichzelf waarschijnlijk een betere dienst had kunnen bewijzen dan uiteindelijk gebeurd is.

[Briefhoofd]

onderwerp
Overschilderen gevelplaten wijk Vronesteyn

datum
25 aug. 1995

Geachte bewoner,

Gaarne willen wij hierbij ingaan op enkele reacties van bewoners betreffende het overschilderen van de gevelplaten, welke werkzaamheden momenteel worden uitgevoerd.

Wij willen uitdrukkelijk stellen, dat Van Heyningens Bouwbedrijf <u>geen</u> opdracht heeft gegeven en derhalve niet verantwoordelijk is voor het uitvoeren van deze werkzaamheden. Wel is het ons bekend dat het schilderwerk wordt uitgevoerd door Tuinman Coating BV in opdracht van de leverancier van deze platen nl. de British Steel Corporation.

Naar aanleiding van klachten betreffende het verweren van de coating hebben wij enige tijd geleden contact gezocht met de Engelse leveranciers. Deze hebben gesteld dat de verwering wordt veroorzaakt door aantasting van het pigment (kleurstof) in de p.v.c. coating, dit als gevolg van zonne(U.V.)straling en vochtigheid. Het metaal zelf is niet aangetast. Ook platen waar momenteel nog geen aantasting op plaatsvindt kunnen na verloop van tijd deze gebreken gaan vertonen. De British Steel Corporation heeft een speciaal verfsysteem ontwikkeld, waarmee de platen overgeschilderd kunnen worden. Dit verfsysteem geeft een nagenoeg gelijk aanzien als de oorspronkelijke laag en de onderhoudsvrije termijn is naar verwachting tien jaar. De kosten van de werkzaamheden incl. materiaal bedragen tussen ƒ 400,- en ƒ 600,- per woning, afhankelijk van de aantasting.

Hoewel op de platen nooit een garantie is gegeven hebben de Engelse leveranciers van de platen toch aangeboden de platen gratis over te schilderen. Tot onze niet geringe verbazing hebben de Engelse fabrikanten Tuinman Coating B.V. opdracht verleend voor het overschilderen van de gevelplaten nog voor dat wij in de gelegenheid waren de bewoners over dit aanbod te informeren.

Mede door de vakantietijd, waarin deze werkzaamheden plaatsvonden, menen wij dat deze werkwijze van de British Steel Corporation niet erg gelukkig is geweest, omdat veel bewoners niet door de schilders op de hoogte gesteld konden worden.

Aan de andere kant menen wij dat de snelheid, waarmee de Engelse fabrikant deze klacht heeft aangepakt ook zijn positieve kant heeft.

Mocht u nadere informatie wensen dan adviseren wij u zich te wenden tot Tuinman Coating B.V. te Amstelveen, tel. 01234-6633.

Vertrouwend u hiermee naar genoegen te hebben ingelicht, verblijven wij,

hoogachtend,
VAN HEYNINGENS BOUWBEDRIJF NEDERLAND B.V.

(Afdeling Kwaliteitsinspectie)

Ook deze uitwerking beoordelen we weer aan de hand van enkele kritische vragen. Waarschijnlijk bent u inmiddels zelf al zeer goed in staat een aantal van de antwoorden te formuleren.

Is de situatie voldoende duidelijk uitgelegd?
De situatie is niet voor alle betrokkenen duidelijk uitgelegd. Van Heyningen heeft gekozen voor een met-de-deur-in-huis-aanpak. Voor de bewoners die geheel van het geval op de hoogte zijn, is dat geen probleem: zij kunnen de brief gemakkelijk volgen. Maar er zijn ook mensen die van de hele voorgeschiedenis niets weten en die tot hun verbazing geconstateerd hebben dat hun koopwoning ineens een andere kleur gevel had. Voor die groep bewoners is een *goede inleidende alinea* zeker nodig. Een scherpe publieksanalyse had dit aan het licht kunnen brengen. Verder maakt het frequente gebruik van vaktermen zoals in de derde alinea, de uitleg onduidelijk. Ook de opbouw van de brief leidt tot mogelijke misverstanden.

Zeer belangrijk in de brief is het gegeven dat het overschilderen *gratis* gebeurt. Dit wordt pas verteld *nadat* breed is uitgemeten hoeveel het overschilderen wel niet gekost heeft. Hierdoor kan bij de lezers de gedachte postvatten, dat deze kosten voor *hun* rekening zijn. Een dergelijk misverstand kan voorkomen worden door een andere volgorde. Bijvoorbeeld: de opknapbeurt is gratis, de kosten zijn voor rekening van BSC en varieerden van ƒ 400,- tot ƒ 600,-. Dit alles kan benadrukt worden door het feit dat het de bewoners geen geld kost, op een duidelijke, gemarkeerde plaats te zetten.

In hoeverre wordt het hoofddoel van de brief bereikt?
De briefschrijver heeft in dit opzicht verschillende kansen onbenut gelaten. Goodwill kweek je in een geval als dit door in de eerste plaats duidelijk en serieus uitleg te verschaffen. We zagen al, dat de briefschrijver hierin niet volledig geslaagd is. Maar er zijn nog andere zwakke punten aan te wijzen.
Om te beginnen verleent Van Heyningen slechts *weinig service*. De klachten van de bewoners zijn weliswaar attent doorgespeeld naar BSC, maar veel verder reikt de dadendrang van Van Heyningen niet. Toch zou het weinig moeite kosten om bijvoorbeeld regelmatig druk uit te oefenen op BSC om de zaak keurig te regelen. Dit zou dan op de bewoners een veel betere indruk maken. Bijzonder toepasselijk is hier het advies: 'doe meer dan er van u verwacht wordt.' Nu komt Van Heyningen namelijk wel zeer initiatiefloos over.
Een tweede punt van kritiek hangt met het vorige samen. De brief is overwegend in *negatieve termen* geschreven. De nadruk ligt op alles wat er *niet* gebeurd is (*geen* opdracht gegeven, *niet* verantwoordelijk, *nooit* garantie gegeven, *niet* op de hoogte gebracht). Dit

versterkt de sfeer van machteloosheid en passiviteit. Veel beter is het om de nadruk te leggen op alles wat u wel gedaan heeft. Bijvoorbeeld (zie het vorige punt): stappen ondernemen bij BSC, klachten doorsturen enzovoort. Benadruk vooral ook wat u gaat doen. Pas dan ontstaat de indruk die beoogd is: een daadkrachtig bedrijf, dat hart heeft voor zijn klanten.

Derde en laatste punt van kritiek is dat de briefschrijver niet gezorgd heeft voor een adequate slotalinea. Zoals alle goodwillbrieven, moet ook deze brief een *positief en op de toekomst gericht slot* hebben. Inhoudelijk moet dit toegesneden zijn op de situatie. In dit geval moet het de lezer duidelijk zijn wat hij in de naaste toekomst van Van Heyningen BV kan verwachten. Het was goed geweest als de schrijver hier had gemeld dat Van Heyningen gaat aandringen op actie van BSC. De schrijver had dan ook moeten melden wanneer en hoe de bewoners op de hoogte gesteld zouden worden van de resultaten van dat aandringen. De voorbeeldbrief heeft noch een positief slot, noch een slot dat op de toekomst gericht is. Deze brief eindigt met een cliché. Bovendien is dit cliché weinig toepasselijk, want de mensen die al van niets wisten zijn door de informatie in de brief nog steeds niet voldoende ingelicht. De volgende slotzin zou een veel betere indruk maken: 'Wij zullen ervoor zorgen dat uw woning voor de winter weer een perfect uiterlijk heeft.'

Is de stijl van de brief adequaat?
De stijl is beslist niet adequaat. Van verzorgde spreektaal is geen sprake. 'Dezen hebben gesteld' en 'welke werkzaamheden momenteel worden uitgevoerd', zijn typische voorbeelden van *overdreven schrijftaal*. Daarnaast is ook deze brief veel te veel in een *wij-stijl* geschreven: als de schrijver al aan zijn publiek refereert, dan doet hij dat vreemd genoeg in de *derde* persoon. Hij spreekt steeds van de bewoners. Waarom gebruikt hij bijvoorbeeld niet: 'de gevelplaten van *uw* woningen'? Tevens gebruikt de schrijver van de brief te veel vakjargon (bouwjargon), zoals al eerder is opgemerkt.

De combinatie schrijftaal, onpersoonlijke stijl en vakjargon *creëert* afstand tussen de organisatie en de lezers. Het doel van een goodwillbrief is toch juist die afstand te *verkleinen*.

(Herschrijfopdracht) Gemeente Linschoten

—— GEMEENTE LINSCHOTEN ——

Postadres Postbus 11, 3460 BA
Telefoon 03480 - 14041
Banken:
B.N.G. 's-Gravenhage, rek.nr. 5526
Rabo Linschoten, rek.nr. 33.63.01.456
Postgiro 80302

Aan
De Bewoners van de Bebouwde
kom van Linschoten

Uw nummer: Uw brief van: Ons nummer:
                                 86-Li-325

Linschoten, 15 april 1987

Onderwerp:
Onkruidbestrijding

Geachte bewoners,

Bij deze willen wij u informeren over de wijze waarop het onkruid op trottoirs, straten en pleinen zal worden bestreden.
Op bestratingen kan vrijwel niet effectief geschoffeld worden. Het is echter noodzakelijk dat trottoirs en daarmede vergelijkbare bestratingen in het algemeen zo goed mogelijk onkruidvrij worden gehouden.
Zowel uit oogpunt van een redelijk verzorgde woonomgeving, maar ook vanwege andere redenen achten wij zulks noodzakelijk.
Tot deze andere redenen behoort o.a. dat het anders niet denkbeeldig is, dat aanwonenden zelf ongewenste maatregelen nemen om op 'hun' trottoir het onkruid te verdelgen.
Maar de gemeente heeft ter zake niet alleen een plicht, maar ook een verantwoordelijkheid. Een natte en gladwordende vegetatie kan gevaar opleveren vooral voor mensen die minder goed ter been zijn en voor (brom)fietsers.
Verder moet o.a rekening worden gehouden met het feit, dat een afstervende vegetatie aanleiding kan geven tot verstoppingen van riolen en/of extra schoonmaakkosten van de bestratingen.
Het bespuiten met chemische bestrijdingsmiddelen van de openbare bestratingen is nu twee seizoenen achterwege gelaten.
De resultaten van het niet spuiten heeft een ieder kunnen waarnemen. Vooral de wijk 'Overvliet' waar vrij nieuwe bestrating ligt, gaf een onverzorgde indruk.
Gelet op bovenstaande hebben wij besloten de openbare bestratingen in het begin van het groeiseizoen te bespuiten met een voor mens en dier onschadelijk middel, en slechts op die plaatsen waar het nodig is om het onkruid op effectieve wijze te kunnen bestrijden.
Met deze werkzaamheden zal op donderdag 23 april a.s. een aanvang worden genomen in de wijk Overvliet.
De werkzaamheden zullen in de overige wijken worden voortgezet op maandag 27 april a.s.
Indien de weersomstandigheden niet toestaan genoemde werkzaamheden op de voorgenomen dagen uit te voeren, dan zal worden uitgeweken naar een nader door ons te bepalen datum, echter zeker niet op een woensdagmiddag.

Hoogachtend,
Burgemeester en wethouders van Linschoten,
O:HM   de sekretaris,   de burgemeester,
T: CZ
K: NL
          (F.J.T. van Gaal)   (J. Berentschot)

Vragen

1 Wat kunt u opmerken over de lay-out van de brief?
2 Een van de adviezen uit deel 1 is dat een brief duidelijk en concreet geschreven moet worden. Is dat advies hier opgevolgd?
3 Een ander advies uit deel 1 is dat er voor een positieve benadering gekozen moet worden. Is dat in de brief het geval?
4 Wat is het doel van deze brief?
5 Is de brief, gezien het doel, effectief? Motiveer uw antwoord.
6 Heeft u nog andere op- of aanmerkingen op de brief?

Opdracht

Herschrijf de brief aan de hand van uw antwoorden op de vragen.

 Rabo-bank

Situatieschets

Het is augustus 1993. Utrecht heeft er sinds vier maanden een bouwkundige attractie bij: het hoofdkantoor van Rabo Nederland. Dit kantoor, gebouwd in de vorm van het Rabo-logo, trekt vooral de aandacht door de zeer bijzondere gevel. Deze is geheel opgetrokken uit spiegelglas, zodat het gebouw een voortdurend wisselende aanblik heeft. Bij donker weer is het een massieve loodgrijze kolos, maar op een heldere lentedag zie je zelfs wolkjes over de gevelpanelen trekken. Zeer speciaal is het effect van de ondergaande zon: die zet de hele gevel in vuur en vlam.
Hoewel internationale waardering voor de schittering blijkt uit de vele fotograferende Japanners, is het juist deze schittering die problemen oplevert. De overburen van het Rabo-hoofdkantoor ondervinden er sterke hinder van. In de namiddag en vroege avond van een zonnige dag kunnen zij nauwelijks door hun ramen kijken: Nederlands eerste geval van *schitteringshinder*. De eerste berichten hierover, een ingezonden brief in het *Utrechts Nieuwsblad* en een aantal telefoontjes naar de Rabo, werden met enig schouderophalen begroet. Maar gaandeweg blijkt dat het wel degelijk een serieuze zaak is.
De bewoners van ongeveer vijftig van de tachtig betrokken woningen organiseren zich in een wijkcomité. Een actieve groep, die zeer nadrukkelijk bij de Rabo aan de bel trekt. Dit leidt onder meer tot

een bezoek van enkele Rabo-medewerkers aan hun overburen, waar zij vaststellen dat het op zonnige dagen echt onplezierig is in de doorzonwoningen: achter de laagstaande zon, voor de spiegeling.

Deze kwestie is nu in de directievergadering aan de orde geweest. Er ligt een brief van het wijkcomité, waarin gevraagd wordt om zonwerende voorzieningen en een vergoeding voor het ongemak. Men is er vrij snel uit. Het geeft geen pas, feestelijk een nieuw en prestigieus kantoor te openen en de buurt met de bittere nasmaak te laten zitten. Daarom zal er op kosten van de Rabo een regeling getroffen worden: de tachtig woningen krijgen zonneschermen of een zonwerende coating op de ruiten aan de voorkant. Er zal geen schadevergoeding worden uitgekeerd. Wel zal Rabo op andere, goedkopere, manieren de goede relatie met de buurt proberen te herstellen.

Opdracht

U werkt op de afdeling Externe Betrekkingen van het Rabo-hoofdkantoor. U krijgt van de directie de opdracht de zaak verder af te handelen. Binnen hierboven aangegeven restricties mag u zelf initiatieven nemen om de betrekkingen met de buurt te verbeteren. Een van de eerste stappen die u moet nemen, is het schrijven van een brief.

 SBSOFT

Situatieschets

Al tijdens uw studie heeft u samen met een collega-studente een bedrijfje opgericht dat gespecialiseerde software produceert. Uw laatste programma is bestemd voor schoonheidsspecialistes. U denkt hiermee een gat in de markt ontdekt te hebben. Met behulp van dat programma zijn de specialistes namelijk in staat allerlei variabelen van hun klantenkring in te voeren, zoals huidtype, gebruikte producten, eventuele allergieën of abonnement-gegevens. Voor een abonnement geldt bijvoorbeeld dat tien behandelingen een speciale prijs hebben. De specialiste kan dan in het programma aangeven hoeveel behandelingen de klant nog te goed heeft. Ook kan er met het programma wat boekhouding gedaan worden, zoals de dagomzet.

Via de Kamer van Koophandel heeft u een lijst met adressen van schoonheidsspecialistes gekregen en u heeft daaruit een voorlopige keus (de dichtst bij u in de buurt wonende) gemaakt van 25 kandidaten. U wilt deze dames uitnodigen voor een presentatie van dit nieuwe programma. U heeft een ochtend gereserveerd van 10.00-12.00 uur. U heeft een geschikte locatie gevonden (een zaaltje in een verenigingsgebouw). Onder het genot van een kopje koffie kunnen ze daar kennismaken met uw bedrijf en het programma dat u aanbiedt.

Opdracht

U schrijft een brief waarin u de schoonheidsspecialistes uitnodigt voor een demonstratie. U beseft dat deze dames waarschijnlijk niet al te vertrouwd zijn met het gebruik van computers. U zult daarvoor dus in de brief goodwill moeten kweken. U zult al een tipje van de sluier van het programma moeten oplichten door bijvoorbeeld het gemak ervan aan te geven, de gebruikersvriendelijkheid te benadrukken enzovoort. U bent ervan uitgegaan dat althans de meeste specialistes geen pc in huis hebben, dus u heeft bij een leverancier een voordelige aanbieding geregeld van de benodigde apparatuur. Bij aanschaf van het softwareprogramma kunnen de schoonheidsspecialistes hiervan gebruikmaken.

Let bij het schrijven op het gebruik van vakjargon (computervaktermen). Voor u normale begrippen, maar voor de doelgroep waarschijnlijk geheimtaal. Vergeet ook niet in de brief de after-sales-service te verwerken.

 Interchemie

Situatieschets

De gemeente Driestroom ontwikkelt aan de rand van het landelijk gelegen plaatsje een industrieterrein. Het is de bedoeling dat zich hier hoofdzakelijk kleine bedrijven zullen vestigen. De eerste reeks aanmeldingen bestaat uit bedrijven die al in Driestroom gevestigd zijn, maar weg willen uit de dorpskern. Er is zelfs sprake van *moeten*: de gemeente wil alle bedrijven weg uit de dorpskern in verband met geluidsoverlast en aantasting van het dorpsgezicht. De gemeente probeert de bedrijven uit te kopen en is daar ten dele al in geslaagd. Omdat de werkgelegenheid in Driestroom een hoge prioriteit heeft, proberen B&W eveneens bedrijven van elders aan te trekken. Een van de eerste nieuw aangeworven bedrijven is Interchemie, producent van kunstvezels, kunstharsen en andere halffabrikaten voor de textiel- en verfindustrie. Interchemie is een dochter van de multinational ICI en maakt een spectaculaire groei door. Hierdoor is de bouw van een nieuwe vestiging nodig geworden. De uitstekende infrastructuur van Driestroom heeft de directie doen besluiten de vestiging in Driestroom te bouwen. Dat Interchemie naar Driestroom wil komen heeft de plaatselijke bevolking in beroering gebracht. Bij het horen van de term 'chemisch bedrijf' spitsen milieugroeperingen sowieso argwanend de oren, maar van Interchemie is bovendien bekend dat het gevaarlijk afval produceert. In een recente Brandpuntuitzending over zure regen viel zelfs de naam van het bedrijf.

Vooral de tuinders – en dat zijn er nogal wat in Driestroom – zijn bezorgd. Hun bedrijven zijn sterk afhankelijk van de kwaliteit van het grondwater en Interchemie heeft een perceel aan een van de drie riviertjes die door Driestroom stromen. Vragen volop in plaatselijke kroegen en kranten: wat is het precies voor een bedrijf? Welke maatregelen zijn of worden genomen om het milieu te beschermen? Zijn er afspraken met de gemeente? Wat gebeurt er met het afval? Loopt het grondwater gevaar? Enzovoort. Als de plaatselijke PSP-fractie ook nog vragen stelt in de gemeenteraad over onder andere de veiligheid van de fietscrossbaan pal naast Interchemie's perceel, dreigt er onrust onder alle groeperingen van de bevolking.

Nu is Interchemie een bedrijf dat weet hoe gevoelig dergelijke zaken liggen. Sinds Lekkerkerk en Gouderak is de bezorgdheid en angst in de samenleving sterk gegroeid. Interchemie heeft hieruit duidelijk lering getrokken. Men is zeker van plan alle wettelijke bepalingen strikt na te leven, en er is een fors budget uitgetrokken voor de bouw van afvalverwerkende en water- en luchtzuiverende installaties.

Interchemie hecht grote waarde aan een goede band met de Driestromers. Hinderwet- en vestigingsvergunningen moeten uiteindelijk door de gemeenteraad worden goedgekeurd. Onrust onder de bevolking, mogelijk zelfs resulterend in acties, is dus zeer ongewenst. Een adequate informatievoorziening zou ertoe kunnen bijdragen dat deze onrust getemperd wordt.

Opdracht

U bent lid van het projectteam dat de nieuwe vestiging voorbereidt. Met een paar anderen werkt u aan een campagne die de bevolking van Driestroom moet informeren over de plannen. Een eerste stap is een brief aan alle bewoners, waarvan een geruststellende werking moet uitgaan. Deze brief zal huis-aan-huis worden verspreid; ook verschijnt hij als open brief in het streekblad 'De Stroom'. De directie heeft de commissie de vrijheid gegeven om te doen wat naar de mening van de commissie bijdraagt tot het accepteren van Interchemie door de bevolking van Driestroom. U schrijft de brief.

 VENEX

Situatieschets

De vereniging van Nederlandse Exporteurs VENEX adviseert en assisteert bedrijven op het gebied van export:
- Zij kent de afzetmarkten in het buitenland en weet welk land geschikt is als markt voor een bepaald product en welk land niet.
- Zij weet welke wegen een bedrijf moet bewandelen, alvorens het kan gaan exporteren.
- Zij weet de weg in de enorme papierwinkel waarmee men te maken krijgt, wil men gaan exporteren en zij assisteert daarom bij het invullen van die papieren.
- Zij kent de problemen die er zoal bij export komen kijken.
- enzovoort.

De vereniging telt midden- en kleinbedrijven onder haar leden. Het lidmaatschapsgeld bedraagt ongeveer ƒ 600,- per jaar. Voor dat bedrag kan de aspirant-exporteur van alle diensten van VENEX gebruikmaken.
Op dit moment kampt VENEX met een probleem: een groot aantal leden heeft het lidmaatschap voor dit jaar (1993) opgezegd en een groot aantal leden heeft het voornemen geuit dat voor het komende jaar (1994) te zullen doen. Als het zo doorgaat, zal VENEX in haar dienstenpakket moeten gaan snoeien. Het gevaar bestaat dat nog meer bedrijven hun lidmaatschap zullen opzeggen, waarna VENEX weer verder zal moeten snoeien.

Opdracht

U krijgt de opdracht aan de leden die reeds opgezegd hebben en de leden die gezegd hebben dat te zullen gaan doen, een brief te schrijven. Het doel is deze leden voor VENEX te behouden. Geen geringe opdracht, te meer omdat niet precies bekend is waarom men opzegt. Daarom denkt u daar eerst eens over na: wat zou de reden kunnen zijn? U kunt twee redenen bedenken:
1 Het lidmaatschapsgeld vindt men te hoog.
2 Men weet onvoldoende welke diensten VENEX biedt.

Wat de eerste mogelijke reden betreft: het lidmaatschapsgeld kan niet omlaag. Wat de tweede mogelijke reden betreft: uw dienstenpakket is omvangrijk en kan niet worden uitgebreid. Met deze wetenschap gaat u aan de slag.

Schrijf nu deze brief.

 Immervers

Situatieschets

De Centrale Zuivelcentrale Immervers kampt met problemen. Deze hangen samen met een van de nijpendste kwesties waarvoor de Nederlandse samenleving zich momenteel geplaatst ziet: de bodemverontreiniging. Wat wil het geval? Een van de leveranciers van Immervers, de melkveehouder Gastelink uit het Overijsselse Twekkelo, haalde op een zeer trieste manier de landelijke pers. De grond waarop zijn bedrijf gevestigd is, bleek grote concentraties te bevatten van een uiterst giftige chemische verbinding, HCH genaamd. Gastelinks melkvee ondervond hiervan kwalijke gevolgen: de koeien werden lusteloos, leverden steeds minder melk en stierven op den duur zelfs een pijnlijke verstikkingsdood. De reportage die VARA's Achter het Nieuws over deze affaire maakte – stikkende koeien, een wanhopige Gastelink en een machteloze veearts – lokte een golf van reacties uit. Deze waren in eerste instantie vooral gericht tegen de veroorzaker van al deze ellende, het afvalverwerkende bedrijf Uniclean. In de VARA-reportage was duidelijk aangetoond dat de onvoldoende gecontroleerde lozingen van dit bedrijf de enig mogelijke oorzaak zijn.
Geleidelijk kwamen er echter ook andere reacties. Met name in Gelderland en Overijssel, het voornaamste afzetgebied van Immervers, stelde men zich de vraag: 'Als die koeien langdurig aan dat gif zijn

blootgesteld, hoe zit het dan met de melk die zij al die tijd geleverd hebben?' Bekend is dat Immervers nog tot kort voor de dood van de eerste koeien melk gekocht heeft van Gastelink. Een bioloog van het Rijksinstituut voor de Volksgezondheid heeft in een interview met een NOS-verslaggever verklaard, dat vrijwel zeker ook HCH in de melk is terecht gekomen. Een woordvoerder van de Regionale Zuivelinspectie in Overijssel gaf in dezelfde uitzending toe dat er zelden of nooit op dergelijke zeldzaam voorkomende giftige stoffen gecontroleerd wordt.

Er dreigt gevaar voor Immervers, dat is duidelijk. De directie zal alles in het werk moeten stellen om een Iglo-effect (geen vertrouwen in het merk en daardoor een sterk dalende verkoop) te voorkomen. Het publiek moet ervan overtuigd worden dat het hier om een incidentele zaak gaat en dat Immervers-producten geen gevaar opleveren voor de gezondheid. Er wordt besloten een campagne op touw te zetten om dit doel te verwezenlijken. Daartoe zal het gerenommeerde public relations-bureau *Envoy* in de arm genomen worden.

Opdracht

U bent tekstschrijver bij Envoy. U heeft tot taak het belangrijkste onderdeel van de campagne te verzorgen: een huis-aan-huisbrief aan alle gezinnen in het afzetgebied van Immervers. Als communicatie-expert weet u dat gezondheid een buitengewoon delicaat onderwerp is voor de meeste mensen. Het wantrouwen tegen Immervers zal niet gemakkelijk weg te nemen zijn. U zult uw argumenten met grote zorgvuldigheid moeten kiezen en presenteren. Na een grondige doel- en publieksanalyse bepaalt u de inhoud en de opzet van de brief. U schrijft de brief.

3 Oproepen tot medewerking

In categorie 2 streefde u ernaar de relatie tussen uw organisatie en uw lezers te verbeteren. In deze categorie leggen we de lat nog wat hoger: u dient niet alleen het vertrouwen te winnen van uw publiek, maar ook hun medewerking te verkrijgen. Precies en duidelijk informeren is een eerste vereiste. Uw lezers moeten weten wat er aan de hand is en wat er precies van hen verwacht wordt. Goed argumenteren is eveneens noodzakelijk. Wanneer uw argumenten namelijk niet aansluiten bij de behoeften van uw lezers (vergelijk pagina 28), dan zal de bereidheid om mee te werken gering zijn. Al met al betreft het hier een moeilijk type brieven. Vandaar dat we u ook een zeer lastig geval als voorbeeldcase voorleggen.

(Voorbeeldcase) Marx International

Situatieschets

In de loop van 1984 vinden overal in Nederland scherpe onderhandelingen plaats tussen vakorganisaties en bedrijven. De inzet is arbeidstijdverkorting. De bonden willen een 38-urige en uiteindelijk zelfs een 36-urige werkweek om te komen tot een betere verdeling van het beschikbare werk. De werkgevers zijn tegen arbeidstijdverkorting: zij vrezen voor de productiviteit van hun bedrijven en verwachten grote organisatorische problemen. Als er dan toch ATV moet komen, dan wel op kosten van de werknemers.
In september 1984 wordt een eerste grote doorbraak in dit overleg gemeld. De vakorganisaties hebben volledige overeenstemming bereikt met de multinationale elektronicagigant Marx International. Vanaf 1 januari 1985 gaan de 60 000 werknemers van Marx 38 uur per week werken. Een systeem van roostervrije dagen, ATV-dagen, moet dit realiseren.
Verzoeken om parttime te gaan werken zullen vanaf dezelfde

datum gemakkelijker gehonoreerd worden. Bij vacatures zal nagegaan worden of het niet mogelijk is meer mensen in deeltijd aan te stellen. Wel zijn er duidelijke restricties aangebracht: per afdeling mag er maar een bepaald percentage parttimers worden aangesteld. De productiviteit van de verschillende afdelingen mag geen gevaar lopen. Om dit alles financieel mogelijk te maken, zullen de werknemers in 1985 geen prijscompensatie ontvangen.

Marx zelf heeft weinig belang bij deze plannen. De enige aanwijsbaar positieve effecten zijn een goede band met de bond en een positieve pers (voortrekkersrol) in de samenleving. Werkgelegenheidsbeleid en de verantwoordelijkheid van de ondernemingen hierin zijn immers een *hot topic*.

De hele operatie doet een behoorlijke aanslag op het bedrijf. De kosten zijn hoog en de invoering brengt organisatorische problemen met zich mee. Voor Marx' concurrentiepositie is het van levensbelang dat de slagvaardigheid van alle divisies gehandhaafd blijft.

De inrichting van het werk zal op een aantal punten veranderen. Meer mensen zullen aan een en dezelfde taak bezig zijn en de bezetting van een afdeling kan fluctueren. Werkoverleg en onderlinge afstemming zijn daarom uitermate belangrijk. De bedrijfssituatie zal van week tot week moeten worden bekeken en op basis daarvan zal bepaald worden hoe het werk wordt ingericht. Een flexibele houding van alle betrokkenen is dus een vereiste.

Omdat de negatieve effecten van deze operatie nog niet duidelijk zijn, is met de bonden afgesproken dat de situatie in oktober/november 1985 opnieuw bekeken zal worden. Pas dan zal men bepalen of, en in hoeverre, de maatregelen gecontinueerd worden.

Duidelijk is dat er veel op het spel staat. Omdat de werknemers uiteindelijk het gewicht van deze verandering moeten dragen, is een goede informatievoorziening noodzakelijk. Daarom wil de directie van Marx International de werknemers rechtstreeks inlichten. Een ongewone situatie, die nog eens aangeeft hoe belangrijk men deze kwestie vindt.

Opdracht

Als adviseur van de directie schrijft u het concept voor deze brief. Hij is gericht aan alle werknemers. Doel is hen te informeren over de plannen, namelijk: aandacht vragen voor de problemen die kunnen (zullen) ontstaan en het oproepen tot medewerking. Goede argumentatie is dus even nodig als een heldere uiteenzetting. U kunt ervan uitgaan dat het management van de diverse afdelingen al op de hoogte gesteld is.

Voorbeelduitwerking en bespreking

(Briefhoofd)

Geachte werknemer,

Marx is een grote multinational. Het is dan ook zaak voor onze onderneming om constant bezig te blijven met belangrijke maatschappelijk aangelegenheden. Werkgelegenheid is zo'n belangrijke kwestie. Het beleid van Marx gaat zich in 1985 bezighouden met arbeidstijdverkorting en deeltijdbanen. Over de invulling hiervan is met de vakbonden reeds overeenstemming bereikt. Wij vinden dat u moet weten wat er op komst is, omdat het uw persoonlijke belangen raakt.

Dit akkoord houdt voor u in:
• vanaf 1 januari 1985 zal een werkweek voor werknemers van Marx verkort worden van 40 tot 38 uur. Dit zal gerealiseerd worden door een systeem van roostervrije dagen. Uw afdelingschef kan u nader op de hoogte stellen.
• er zal meer plaats zijn voor part-timers. Zowel huidige als nieuwe werknemers komen hiervoor in aanmerking.

Dit alles zal slechts kunnen plaatsvinden onder duidelijke restricties:
• per afdeling mag slechts 15% van de werknemers uit part-timers bestaan.
• de productiviteit mag niet in gevaar komen. De (goede) productiecijfers van het lopende jaar zijn het streefgetal voor volgend jaar.

Voor Marx houdt deze operatie veel kosten en organisatorische problemen in. Op macroniveau is dat de hele omschakeling naar het systeem van roostervrije dagen. Dit brengt bijvoorbeeld grote administratieve rompslomp met zich mee. Op microniveau zullen er veranderingen komen in de taakverdeling. Zo zullen er meer mensen bezig zijn met dezelfde taak en zullen er fluctuaties zijn in de bezetting van een afdeling.

Met de bonden is overeengekomen dat de situatie eind 1985 opnieuw bekeken zal worden. Dan zullen negatieve en positieve effecten van deze verandering duidelijk zijn geworden en zal besloten worden of de nu genomen maatregelen gehandhaafd blijven. Deze beslissing zal dan op advies van een evaluatiegroep genomen worden, waarin zowel vakbondsleden als vertegenwoordigers van de directie zitting zullen nemen.

Wat houdt deze arbeidstijdverkorting in voor uw salaris? U ontvangt over 1985 geen prijscompensatie, hetgeen neerkomt op een achteruitgang in koopkracht van ± 3%.
Wat houdt dit alles in voor het aantal banen? Het aantal banen bij Marx zal toenemen met 1650.
Deze hele operatie zal naast diverse voordelen ook zeker problemen met zich meebrengen. Zo is de concurrentiepositie een probleem voor de onderneming. Deze zal zeker gehandhaafd moeten blijven. Voor u is van belang, dat u uw werk effectief kunt blijven doen. Flexibiliteit is daarom voor alle betrokkenen op alle niveaus een vereiste.

Met eventuele vragen kunt u zich wenden tot uw afdelingschef.
Wij rekenen op uw medewerking.

Hoogachtend,

dr. F. Engels,
President-directeur

Ook van deze voorbeeldbrief volgt hier een kritische analyse. U zult zelf al hebben opgemerkt dat bepaalde fouten uit de vorige uitwerkingen zich hier herhalen. Zo verzuimt ook de heer Engels zijn publiek direct aan te spreken ('de werknemers' in plaats van 'u'). Formuleringskwesties zullen we hier niet meer aan de orde stellen. We beperken ons tot drie hamvragen.

Is de informatie volledig en duidelijk?
Nee. Ten eerste worden *niet alle belangrijke zaken uitgelegd*. Hoe zit dat bijvoorbeeld met die roostervrije dagen? Wat zijn dan precies de problemen die nu kunnen optreden? Een duidelijk antwoord op deze vragen ontbreekt. Ten tweede is de gegeven uitleg voor een deel van het publiek waarschijnlijk *moeilijk te volgen*. Zou het hele personeel van Marx vertrouwd zijn met termen als macroniveau, restricties en fluctuaties? Qua woordkeus is de brief zeker niet voldoende toegesneden op het publiek.

Is de inhoud adequaat gestructureerd?
Nee. Op pagina 43 zagen we dat *belangrijke informatie op een opvallende plaats* moet staan. Een van de belangrijkste vragen voor de werknemers, misschien wel de allerbelangrijkste, is: Wat betekent deze verandering voor mijn salaris? Het antwoord is pas midden in een van de laatste alinea's te vinden, terwijl het gemakkelijk op een prominente plaats gezet had kunnen worden.
De schrijver heeft zijn brief terecht voorzien van een inleidende alinea. Op de inhoud daarvan is wel het een en ander aan te merken. Met name de *peptalk*, de zeer nadrukkelijk verwijzing naar Marx' maatschappelijke verantwoordelijkheid, lijkt niet gelukkig gekozen. De werknemers zullen over het algemeen wel weten dat over deze kwestie langdurig en hard onderhandeld is, zodat de openingszinnen als overdreven *borstklopperij* overkomen. Natuurlijk kan een ATV-akkoord publicitair uitgebuit worden. Maar is het dan niet verstandiger dit te doen tegenover *externe* publieksgroepen?
Een brief die een onderdeel is van een complex veranderingsproces mag nooit de gedachte wekken dat de correspondentie gesloten is. De lezers moeten met hun vragen of reacties ergens heen kunnen. Deze briefschrijver heeft dat goed onderkend: in de slotzin verwijst hij de lezer naar diens afdelingschef. Daarmee voldoet zijn brief aan een belangrijke eis: *houd de communicatie open*. De slotalinea is een zeer geschikte plaats daarvoor. Wel had zijn verwijzing minder kaal kunnen zijn. De schrijver had bijvoorbeeld kunnen aangeven hoe belangrijk vragen en reacties van werknemerszijde zijn.

Is de oproep voldoende overtuigend?
Nauwelijks. Ook in deze brief staat de problematiek van het *management* centraal (kosten, teruglopende productiviteit enzovoort). Dat het voor de *werknemers* bijzonder onplezierig kan zijn om te werken in een slecht georganiseerde afdeling, is een factor die in het geheel niet wordt uitgespeeld. Een belangrijk argument blijft daarmee onbenut. Wat eveneens ontbreekt, is een echt *concrete* beschrijving van de verwachte problemen. De volgende zin bijvoorbeeld, blijft veel te vaag en vrijblijvend: 'Zo zullen er veranderingen komen in de taakverdelingen.' Dergelijke algemeenheden schaden de verwerking van de brief. Wanneer de verwachte problemen niet tastbaar zijn voor de lezers, dan zullen zij ook weinig gemotiveerd zijn bij te dragen aan de oplossing ervan. Als laatste probleem signaleren we te weinig nadruk op, alweer concrete, oplossingen. Wat doet het *management* precies om organisatorische problemen te vermijden? Of moeten alleen de mensen op de werkvloer zich aanpassen? Dit soort vragen mag een goede brief nooit oproepen. Ingrijpende veranderingen in organisaties zijn vrijwel uitsluitend te realiseren vanuit een wij-samen-gevoel. Zo'n gevoel kunt u opwekken door de gehele operatie als een uitdaging voor *ons allemaal* te schetsen.

(Herschrijfopdracht) Firma Container Reiniging

Firma Container Reiniging.
Voor het reinigen van Mini en rolcontainers.
Minicontainers nemen een steeds belangrijker plaats in bij de inzameling van huishoudelijke afvalstoffen. Veel gemeenten kiezen voor de minicontainer, als efficiënt en hanteerbaar instrument om het afval van de huishoudens in te verzamelen. Bij alle voordelen die minicontainers bij de inzameling van huishoudelijke afvalstoffen te bieden hebben,is er een probleem de vervuiling. Het met enige regelmaat reinigen en ontsmetten van de minicontainers is,uit een oogpunt van hygiënisch verantwoord containerbeheer,onontbeerlijk. Immers,als gevolg van de veelsoortige afvalstoffen die in de minicontainers terechtkomen, kan niet alleen stankoverlast ontstaan, maar bestaat ook het risico dat zich allerlij bacterie-haarden vormen.

Firma Container Reiniging lost dat vervuilingsprobleem voor u op.Ons bedrijf is namelijk gespecialiseerd in het reinigen en het ontsmetten van minicontainers (Klikobakken) en rolcontainers en beschikt daarvoor over moderne apparatuur. Een unieke,volautomatische wasinstallatie,is ondergebracht in een speciaal reinigingsvoertuig.Met deze wasapparatuur wordt de binnenkant van de container gereinigd en tegelijk ontsmet.Voorts wordt een veilig reinigings en ontsmettingsmiddel toegepast,dat biologisch afbreekbaar is en daarom onschadelijk voor het milieu.
Wie meer over ons bedrijf wil weten kan contact opnemen met H.J. de Gooijer. tel. 030-328469. of met C.M.Schrijver 030-890500.

Firma Container Reiniging.
Voor het reinigen van mini en rolcontainers.

Wij reinigen en ontsmetten uw minicontainer 10 keer per jaar. De kosten hier van bedragen fl.4,00 per keer of te wel fl.40,00 per jaar.Hier voor komen wij elke maand uw minicontainer reinigen behalve twee winter maanden in verband met de vorst.Wij proberen achter de Gemeente reinigingsdienst uw container te reinigen.De containers die aan gesloten zijn om gereinigd te worden.Voorzien wij van een sticker zodat wij niet de verkeerde minicontainer reinigen.

Wie meer informatie hier over wilt hebben kunnen bellen in de avond uren op tel.030-328469 of tel. 030-890500.

Vragen

1 'Schrijf duidelijk en gestructureerd' luidt een van de adviezen uit deel 1. Is dat advies hier opgevolgd? Motiveer uw antwoord.
2 Wat voor op- en aanmerkingen heeft u over de uiterlijke verzorging van deze brief?

Opdracht

Als een van de oprichters en adviseurs van een adviesbureau in communicatie, krijgt u de brief in de bus. U begrijpt dat u hier met een paar vrije jongens te maken hebt, die vast wel goed zijn in het reinigen van containers, maar van communicatie geen kaas gegeten hebben.
Omdat u inziet, dat het reinigen van containers een goed lopende zaak kan worden, besluit u contact op te nemen met De Gooijer en Schrijver. U weet ze ervan te overtuigen dat een goede professioneel aangepakte brief een aardige klantenkring kan opleveren. Zij vragen dan ook al spoedig of u de brief zou willen herschrijven, want: 'Inderdaad, nu hebben we nauwelijks reacties gehad.'

Herschrijf de brief.

 Helmondia

Situatieschets

Theo Laureyssen is directeur van de metaalwarenfabriek Helmondia. Deze fabriek ligt midden in de Helmondse stadswijk de Braak. Vanmorgen heeft Laureyssen een brief ontvangen van het Wijkcomité de Braak, waarin protest wordt aangetekend tegen het verkeersgedrag van de werknemers van Helmondia: aan het eind van de dag verlaten zij met veel te grote snelheid het fabrieksterrein.

Enkele citaten uit deze brief:

> 'Wist u dat uw personeel dagelijks een Grand Prix-start oefent bij de fabriekspoort? Om vijf uur komt men "twee dik" de bocht door met snelheden van meer dan 70 kilometer per uur...'

'Vandaag of morgen gebeurt er een fataal ongeluk. Tot nu toe is er gelukkig nog niemand gewond geraakt, maar een aantal malen heeft het nauwelijks iets gescheeld. Vorige week dinsdag werd er bijna een achtjarig jongetje aangereden – en dat is echt niet een geval dat op zich staat...'

'Als u niet zorgt dat hierin verandering komt, dan zullen we – zeer tegen onze zin – de politie moeten inschakelen.'

Opdracht

U bent Laarmans, directiesecretaris bij Helmondia. U vindt op uw bureau een kopie van de brief van het wijkcomité, voorzien van een memo van Laureyssen. Op het memo staat:
'Ernstige zaak, schrijf jij een brief aan het personeel? Situatie moet veranderen!'
U kunt in een brief alles wat u goeddunkt gebruiken om dit persuasieve doel te verwezenlijken.

Schrijf de brief.

 Computercentrum Uniebanken

Situatieschets

In Woerden staat het Computercentrum van de Uniebanken (CU). Dit Centrum vervult een dienstverlenende rol voor zo'n 70 zelfstandige banken, met in totaal ruim 600 kantoren. Het belangrijkste onderdeel van CU's dienstenpakket is het elektronische geldverkeer: van alle aangesloten spaarders, hypotheeknemers en beleggers worden de rekening- en personeelsgegevens opgeslagen en bijgehouden. Om u een idee te geven van de omvang: per dag verwerkt het CU zo'n 150 000 mutaties.
Het CU beheert daarnaast gegevensbestanden die belangrijk zijn voor de interne bedrijfsvoering van de Uniebanken. Elk personeelslid – in totaal zijn er bijna 8000 mensen werkzaam bij de 70 Uniebanken – heeft een elektronisch dossier waarin personalia, salaris- en loopbaangegevens zijn opgenomen. De salarisadministratie verloopt eveneens geheel via het CU.

Door deze gecentraliseerde aanpak moet er zeer intensief met het CU gecommuniceerd worden. Wanneer bijvoorbeeld een bijkantoor in de Achterhoek de salarisgegevens van zijn employées wil hebben, dan wordt er via een telefoonlijn met de computer in Woerden gecommuniceerd. Een goede beveiliging van de informatiestromen is daarom zeer belangrijk. Scheidingen, schulden en carrièrekansen zijn zaken waar niemand graag een buitenstaander in ziet rondneuzen. Uiteraard is er een passwordsysteem en voor zeer delicate zaken een terugbelregeling. De computer belt dan de klant op een opgegeven nummer terug. De nummers waarmee je kunt inbellen worden zo goed mogelijk beschermd. Deze mogen alleen na identificatie aan de betrokkenen worden verstrekt. Maar waterdicht kan zoiets natuurlijk nooit zijn in een organisatie met 8 000 mensen.

De afgelopen maanden heeft het thema gegevensbeveiliging nogal de aandacht getrokken. *Volkskrant*-journalist Jan Jacobs kreeg op kinderlijk eenvoudige wijze toegang tot belangrijke bestanden van onder meer het Rijksinstituut voor de Volksgezondheid en het Natuurkundig Laboratorium van Philips. Passwords bleken nauwelijks een hinderpaal. Veel mensen maken een zeer voor de hand liggende keuze: hun voornaam, de voornaam van hun vrouw/man, hun geboortedatum of het merk auto dat ze rijden. Fantasie is kennelijk dun gezaaid. Inbelnummers bleken bij de telefonistes gemakkelijk te verkrijgen: 'Ja, met Jacobs, ik heb mijn agenda niet bij me... Kun je even het inbelnummer van de centrale computer voor me opzoeken?.'

In heel wat ondernemingen is men door deze publicaties aan het denken gezet. Zo ook bij het CU. In een directievergadering is besloten dat alle veiligheidsprocedures moeten worden aangescherpt. De meeste financiële bestanden zijn zeer scherp beveiligd, maar de personeelsdossiers zouden door een hobbyist gemakkelijk gekraakt kunnen worden. De directie heeft daarom advies ingewonnen over manieren om de kans op inbraak te reduceren.

In afwachting van dit advies, dat tot een beleid voor de langere termijn moet leiden, wordt alvast een aantal maatregelen genomen, namelijk:

- Passwords moeten vaker gewisseld worden.
- Voor de hand liggende alternatieven dienen vermeden te worden.
- De inbelnummers mogen alleen verstrekt worden na een strikte controle.
- De terugbelregeling wordt in een groter aantal gevallen toegepast.

Naleving van deze verscherpte maatregelen zal vervolgens ook regelmatig gecontroleerd worden.

De directie heeft bepaald dat er een brief verzonden moet worden aan alle medewerkers van het CU die iets met het beveiligingsprobleem te maken hebben. Dat zijn zo'n 250 personen: programmeurs, systeembeheerders, telefonistes, secretaresses, afdelingsmanagers enzovoort. In deze brief moet uitgelegd worden *wat* de maatregelen zijn en *waarom* ze nodig zijn.

Opdracht

U bent voorlichter op het CU. U krijgt opdracht een concept voor deze brief te vervaardigen met de vraag: 'Wilt u dat dan ook zo doen, dat men op de medewerking van iedereen kan rekenen?'
U beseft dat met name het laatste niet gemakkelijk is. Er zijn de laatste tijd nogal veel regelingen van de zijde van de directie in de postvakjes terechtgekomen. Een gevoel van 'alweer...' is dus voorstelbaar. Om de maatregelen te verduidelijken en er de gewenste medewerking voor te verkrijgen, zult u dus uw uiterste best moeten doen. U gaat daarom bij het schrijven van de brief uit van de volgende sleutelwoorden: concreet, heldere en begrijpelijke taal, overtuigend beargumenteren, aandacht trekken en vooral niet ellenlang. Houdt u er wel rekening mee dat het een *interne* brief binnen het Computercentrum betreft en niet een externe brief aan het personeel van alle Uniebanken.

Case 11 Bodylanguage

Situatieschets

Lees het krantenartikel van Job van de Sande uit het *NRC-Handelsblad* van 31 oktober 1995. Net als in case 9 gaat het ook hier om studenten die een eigen bedrijf begonnen zijn. Ze hebben al snel een PR-afdeling in het leven geroepen. Deze bleek in de voorbereidingsfase al onmisbaar. Een van de eerste activiteiten van de PR-afdeling is het schrijven van een brief geweest. Deze brief werd vervolgens verstuurd naar een groot aantal bedrijven, om te polsen of er interesse bestaat voor het product: reclame door middel van bodypainting.

Een koud kunstwerk

Het was ooit voor een punt, maar inmiddels is het een firma. Het afstudeerproject van veertien studenten aan de opleiding small business in Haarlem staat sinds twee weken ingeschreven bij de kamer van koophandel. De vennoten van het bedrijf Bodylanguage staan klaar om de markt te bestormen met hun levende reclamezuilen.

Het concept lijkt eenvoudig. Maak een fraaie bodypainting op een model en schilder er dan direct een bedrijfslogo bij. Toch hebben de studenten menig uur om de tafel gezeten voordat 'het produkt' zijn uiteindelijke vorm kreeg.

'Zo'n plan ontstaat niet ineens. Eerst zijn we met z'n allen gaan brainstormen en vervolgens moesten we bekijken of de ideeën ook nog eens financieel haalbaar en uitvoerbaar waren', zegt Jeffrey Wins, hoofd public relations van de kersverse onderneming.

Maar nu geloven de studenten ook heilig in hun produkt. In het gebouw van de Haarlem Business School, waar de studenten kantoor houden, hangt overal het logo van Bodylanguage. De vennoten zelf lopen rond in jacks waarop de bedrijfsnaam prijkt. The art of advertising staat er onder het beeldmerk.

Theorielokaal B029 is donderdagavond veranderd in een professionele fotostudio. Onder felle lampen staat het 'produkt': een meisje dat van top tot teen is beschilderd met okergele verf. Op haar buik staat het hardblauwe logo van Bodylanguage en de bedrijfsnaam loopt over haar borst. De foto's zijn voor de verkoopmap waarmee de studenten hondervijftig bedrijven afgaan die inmiddels interesse hebben getoond voor hun initiatief. Met vier ondernemingen, kledingwinkelketens en promotiebureaus zijn onderhandelingen over opdrachten begonnen. De prijzen voor een model beginnen vanaf zo'n tweeduizend gulden per dag. Inclusief bodypainting.

Hoewel ze alleen een slipje aanheeft, voelt het model – een studente bedrijfskunde uit Tilburg – zich niet naakt. 'Dat komt door de verf. Ik voel me meer een kunstwerk, maar het is wel koud.'

De levende reclamezuilen zijn vooral bedoeld voor beurzen en promotiecampagnes. 'Beurzen zijn meestal doodsaaie gebeurtenissen. Met een mooie bodypainting val je natuurlijk op', weet Jeffrey.

De studenten van small business, een hbo-opleiding voor zelfstandige ondernemers in spe, zijn wel kieskeurig. Zo willen ze niet in zee met een producent van seksartikelen. 'We beschouwen bodypainting als kunst', zegt medevennoot Charlotte Bakker. 'Het gebruik van vrijwel naakte modellen roept natuurlijk een bepaald effect op. Maar dat is meer een eye-catcher. Uit een eigen onderzoek blijkt dat toch vooral het beeldmerk en de bedrijfsnaam blijven hangen.'

'De opdracht was om binnen tien weken een lucratief bedrijf op te zetten met een origineel produkt. Nu kun je een handeltje opzetten, een beetje in- en verkopen, maar dat hebben we de afgelopen jaren al vaker gedaan. Bovendien heb je dan nog geen origineel produkt', zegt Jeffrey.

Het was al snel duidelijk dat het iets met reclame moest worden, vertelt Charlotte. 'Maar het aanvankelijke plan om te adverteren op toiletten, bleek niet haalbaar. Door nu bodypainting te commercialiseren, hebben we een trendy produkt dat vanwege de originaliteit wel moet verkopen.'

Dat bij een fotosessie alleen een vrouwelijk model poseert, betekent volgens Charlotte niet dat alleen vrouwen als reclamezuil 'geleverd' worden. 'Het gaat erom wat de klant wil. Een bedrijf dat vrouwen als doelgroep heeft, wil misschien een mooie brede man met het logo op zijn borst. Dat kan, we hebben inmiddels een flink bestand aangelegd met zowel vrouwelijke als mannelijke modellen. We leveren maatwerk.'

Opdracht

Aan u de taak deze brief te schrijven. U geeft daarin natuurlijk informatie over het product:
- Wat houdt het precies in?
- Wat zijn zo ongeveer de prijzen?
- Wat zijn de voordelen van deze vorm van reclame boven andere vormen?

Geef in de brief ook voorbeelden van gevallen waarin je zoiets zou kunnen gebruiken. Vraag tenslotte of men interesse zou hebben in bodypainting. Bij de brief voegt u een vragenlijst (hoeft u niet te maken) en u vraagt of men deze wil invullen en terugsturen.
Kortom een brief met als hoofddoel het verkrijgen van medewerking: u wilt immers het vragenlijstje terug, en het liefst met een positief antwoord. Het is dus ook heel belangrijk de juiste informatie te geven over het product en er goodwill voor te kweken.

4 Klachten melden en behandelen

In deze categorie vragen we uw aandacht voor een communicatieprobleem dat zich vaak voordoet in bedrijven en instellingen: hoe om te gaan met klachten. Wanneer u zelf schade geleden heeft, zult u een goede en effectieve manier moeten vinden om uw klacht aan de andere partij kenbaar te maken. Wanneer een ander meent door uw organisatie tekort te zijn gedaan, zult u diens klacht op passende wijze moeten beantwoorden. Beide schrijfopdrachten zijn niet eenvoudig. Schadegevallen gaan nogal eens gepaard met (wederzijdse) irritatie en boosheid, en dat is begrijpelijk. Helaas leert de ervaring dat zulke emoties uw brief (de schadeclaim of het antwoord daarop) juist ontkrachten.

Meldt u zelf een klacht, dan is een neutrale, zakelijke toon verreweg het beste. U zult de nodige nadruk op bepaalde punten moeten leggen zonder te vervallen in scheldpartijen of denigrerende opmerkingen.

Heeft iemand anders bij u een gegronde klacht ingediend, dan is uw taak minder moeilijk. U kunt dan feitelijk een goed-nieuwsbrief schrijven. Uiteraard met inachtneming van de gebruikelijke PR-principes. Moeilijker wordt het wanneer u een *ongegronde* klacht op uw bureau aantreft. In dat geval dient u het slechte nieuws eveneens beleefd en zakelijk over te brengen. Tevens dient u ervoor te zorgen dat de relatie met de betreffende klant niet blijvend ontwricht raakt.

In de vijf cases die nu volgen kunt u uw capaciteiten bij deze moeilijke situaties inzetten. De vaste structuren uit hoofdstuk 7 kunnen u daarbij van pas komen. Een goede oefening is bovendien uw eigen klacht, of die van een medestudent, eens te *beantwoorden*. Schrijf bijvoorbeeld niet alleen de claim bij case 14, maar ook, een paar dagen later, het antwoord daarop. Dit kan u veel leren over de psychologische lading van uw brief.

(Voorbeeldcase) EVEX BV

Situatieschets

EVEX BV te Tiel, fabrikant van levensmiddelen, betrekt zijn verpakkingsmateriaal van de firma Betupack in Ochten. In het afgelopen kwartaal kreeg EVEX volkomen onverwacht te maken met een omzetdaling in de sector jam. Er werd ongeveer 8% minder potten verkocht van de anders zo populaire soorten abrikozen- en aardbeienconfiture (Extra-klasse).
Een onderzoek brengt de vermoedelijke oorzaak aan het licht: op de etiketten blijkt het woordje 'geen' weggevallen uit de aanduiding 'bevat geen kleur- en zoetstoffen.' Naar schatting 40 000 potjes zijn daardoor voorzien van precies de omgekeerde aanduiding.
Een vervelende zaak die EVEX al met al behoorlijk wat geld gaat kosten. Naast de omzetdaling zijn er nog de kosten van het onderzoek (een kleine twaalfduizend gulden) en de kosten van een extra reclamecampagne die moet worden gevoerd om het verloren marktaandeel terug te winnen. Ook wordt een *recall*-operatie overwogen voor de resterende foutief verpakte potten (naar schatting de helft).
EVEX stelt Betupack aansprakelijk voor de geleden schade.

Opdracht

U bent juridisch adviseur bij EVEX BV. In die functie schrijft u een brief naar Betupack waarin u de kwestie uiteenzet en duidelijk maakt welke consequenties dit voor Betupack zal hebben. U voegt een van de foutief gedrukte etiketten bij deze brief.

Voorbeeldbrief

[briefhoofd]

Mijne Heren,

Al jarenlang betrekken wij van uw firma verpakkingsmateriaal, waaronder etiketten voor jam.

Het afgelopen kwartaal heeft u ons etiketten gestuurd met foutief opschrift: 'deze jam bevat kleur- en zoetstoffen'. Hier had het woord 'geen' tussen moeten staan! Dit heeft voor ons vervelende gevolgen:
- een omzetdaling van 8% (in de sector jam);
- een onderzoek om de oorzaak van de omzetdaling te achterhalen; kosten hiervan bedragen ƒ 12.000,-

> Uiteraard zal een extra reclamecampagne nodig zijn om ons verloren gegane marktaandeel te heroveren. U begrijpt dat wij u aansprakelijk stellen voor de geleden schade en wij verwachten dan ook dat u deze zult vergoeden.
>
> Graag had ik met u een gesprek over deze pijnlijke kwestie van gedachten te wisselen.
> Kunt u mij telefonisch laten weten of 22 maart om 10.00 uur u uitkomt?
>
> Ik hoop dat dit incident onze goede samenwerking niet zal beïnvloeden.
>
> Hoogachtend,
>
> L. Stegman,
> juridisch adviseur EVEX BV

Bespreking voorbeeldbrief
Bij de bespreking van deze brief laten we ons deze keer niet leiden door een reeks vragen, maar door de brief zelf. Wij analyseren hem alinea voor alinea, en koppelen waar nodig terug naar de richtlijnen en principes uit het eerste gedeelte van dit boek.
De *aanspreking*, 'Mijne Heren', is gevaarlijk. Zoals u zich van pagina 69 kunt herinneren, kunt u zo'n aanspreking uitsluitend gebruiken als u zeker weet dat alleen heren (mannen) de brief onder ogen krijgen. Laten we Stegman het voordeel van de twijfel gunnen en aannemen dat hij dit gecontroleerd heeft. In dat geval hoeven we hem alleen maar te wijzen op het incorrecte gebruik van de hoofdletter in 'Heren'.
De eerste alinea is een *open deur*. Het is waarschijnlijk beter onmiddellijk de aandacht op deze ernstige kwestie te vestigen, bijvoorbeeld: 'Wij vragen uw aandacht voor een ernstige kwestie die dringend oplossing behoeft...'. Op pagina 45 kunt u het hoe en waarom van een directe benadering nog eens nalezen.
De tweede alinea (die met de zojuist beschreven toevoeging heel goed de eerste had kunnen zijn) geeft een correct antwoord op de vraag: *'Wat is er precies misgegaan?'*.
De derde alinea, waarin vervolgens de gevolgen van deze fout voor de gedupeerde beschreven worden, is een logische voortzetting. De schrijver heeft duidelijk moeite gedaan deze *gevolgen* opvallend te presenteren: in de lay-out springen ze eruit. Duidelijk en volledig is Stegman echter niet. Zo ontbreekt een aanduiding van de grootte van de financiële strop. Hoeveel gulden bedraagt 8%? Tevens missen we een onderbouwing van een zeer belangrijke veronderstel-

ling, namelijk dat de fout in het etiket geheel en al de oorzaak is van de geconstateerde omzetdaling.

Uit juridisch oogpunt is het verdedigbaar eventuele bewijzen niet onmiddellijk te overleggen. Iets meer dan de verwijzing naar een onderzoek zou echter ten opzichte van een kennelijk goede zakenpartner op zijn plaats zijn. Bijvoorbeeld: 'In een enquête hebben we naar een aantal mogelijke oorzaken gevraagd. De interviews wezen uit dat de aanwezigheid van kleur- en smaakstoffen in de jam een belangrijke negatieve factor vormt bij de koopbeslissing...'.

In de vierde alinea stapt Stegman – logischerwijze – over op de vraag *wat er moet gebeuren* om de fout ongedaan te maken of, in dit geval, de schade vergoed te krijgen. EVEX stelt Betupack aansprakelijk. De wijze waarop dit gebeurt is echter onzorgvuldig. 'De geleden schade', is een onnauwkeurige aanduiding. Wat valt daar allemaal onder? Ook het bedrag dat betaald is voor de foute etiketten? Ook de kosten van de recall-operatie? Bedenk dat hetgeen nu niet geclaimd wordt, in een later stadium moeilijk alsnog geclaimd kan worden.

De vijfde alinea geeft aan dat met deze brief het laatste woord over de zaak nog niet gesproken is. Stegman arrangeert – zeer terecht – een *gesprek* tussen eiser en gedaagde. Hij stelt een datum en een tijd voor het gesprek voor, maar verzuimt een plaats te vermelden en wie er aanwezig moeten zijn. Gegeven de situatie ligt het kantoor van EVEX voor de hand. Het staat vast dat het een zeer goede zaak is de communicatie gaande te houden.

De afsluitende zin is sympathiek bedoeld, maar onhandig geformuleerd. 'Ik *hoop* dat dit incident onze goede samenwerking niet zal beïnvloeden...' Stegman *hoopt* hier op iets wat hij grotendeels zelf in de hand heeft. Het is immers aan EVEX om te bepalen in hoeverre men consequenties aan het gebeurde verbindt. Op zichzelf is het goed die consequenties in een laatste, op de toekomst gerichte, slotalinea te behandelen. Dat zou bijvoorbeeld als volgt kunnen: 'We hebben jarenlang tot volle tevredenheid met u zaken gedaan. We beschouwen deze affaire dan ook als een incident en we vertrouwen erop dat de financiële kant van de zaak snel rond zal zijn. Een vlotte afwikkeling zal er zeker toe bijdragen dat we ook in de toekomst effectief en plezierig kunnen samenwerken'.

Nota bene: wanneer u aan deze affaire *andere* consequenties wilt verbinden (het is bijvoorbeeld al de derde keer dat Betupack zo'n fout maakt), dan ziet natuurlijk ook het slot van uw brief er anders uit... Misschien een aardig idee om op een dergelijke alinea eens uw krachten te beproeven.

De ondertekening ten slotte laat zien dat Stegman zijn eigen rol niet goed heeft overwogen. Over zulke belangrijke schadekwesties communiceert de *directie*. Dat die zich door een jurist laat adviseren, spreekt voor zichzelf. Maar dat impliceert nog niet dat diens handtekening onder de brief verschijnt.

Onze laatste opmerkingen gelden de toon van de gehele brief. De schrijver is erin geslaagd een neutrale, zakelijke *toon* te treffen, waarin geen irritatie doorklinkt. We willen u nog eens met klem op het belang hiervan wijzen. In de Nederlandse rechtspraktijk resulteren de meeste schadekwesties in een zogenoemde *schikking*. Een schikking is een overeenkomst tussen eiser en gedaagde om een deel van de schade direct te vergoeden en het daarbij verder te laten. Dit impliceert dat zulke zaken doorgaans een *onderhandelingskarakter* dragen. Met een boze partij vol wrok is het zeer moeilijk onderhandelen. Als u dus een vlotte afhandeling nastreeft, en dat is meestal het hoogst haalbare, dan dient u de relatie met de andere partij zo goed mogelijk te houden.

(Herschrijfopdracht) Goldewijk Bouwgroep

Vragen

1 'Kies voor een positieve benadering' luidt een van de adviezen uit deel 1. Is dat advies hier opgevolgd? Motiveer uw antwoord.
2 'Hanteer een dynamische stijl' luidt een ander advies uit deel 1. Is dat advies hier opgevolgd? Motiveer uw antwoord.
3 'Kies voor een positieve benadering, probeer te zeggen wat je wel kunt doen' luidt weer een ander advies. Is aan dat advies gehoor gegeven. Motiveer uw antwoord.

Opdracht

Herschrijf de brief aan de hand van uw antwoorden op de vragen.

Bouwbedrijf Goldewijk bv
Nijverheidsweg 12
Postbus 320
7000 AH Doetinchem
Telefoon 08340 3 43 51
Telefax 08340 2 36 31
K.v.K. Arnhem nr. 44980
Bank: ING te Doetinchem
Rek.nr. 69.30.13.230
Bank: RABO te Doetinchem
Rek.nr. 38.43.14.848
Postbank: 2206727

Mevr. Palm
Houtduif 6
3481 DC Harmelen

Doetinchem, 14 september 1995

Service nummer   : 9506449
Uw Contactpersoon : N.A. Klaassen.

Geachte mevrouw ,

Hierdoor bevestigen wij u dat uw klacht inzake afbrokelen van de rubbers van de ramen en deuren door ons in behandeling is genomen.
Uw klacht is doorgespeeld naar de firma Agterhof, deze zal binnenkort contact met u opnemen.

Wij gaan ervan uit dat door hen deze klacht correct zal worden afgehandeld.
Mocht dit niet het geval zijn, dan verzoeken wij u contact op te nemen met de heer N.A. Klaassen.

Vertrouwende u hiermede van dienst te zijn geweest,
verblijven wij,

hoogachtend,
Bouwbedrijf Goldewijk BV

M. Goldewijk

Op al onze inkopen, leveringen en/of offertes zijn, mits anders overeengekomen, respectievelijk van toepassing de in- en verkoopvoorwaarden van Goldewijk als gedeponeerd bij de Arrondissementsrechtbank te Arnhem onder respectievelijk nummers 3079/1993 en 179/1993.
Een exemplaar van deze voorwaarden wordt u op eerste verzoek gratis ter hand gesteld.

Case 12 — Haringsma versus Monter

Situatieschets

De Technische Handelmij. Haringsma BV uit Leeuwarden heeft over een groot aantal door haar verkochte wasautomaten, merk Monter, type W.003, klachten ontvangen. Alle klachten betreffen het centrifugeren. Bij het begin van het centrifugeren maken de machines een bonkend geluid en schudden hevig heen en weer. Haringsma stelt een onderzoek in bij een aantal afnemers. Ook bij klanten die niet geklaagd hebben. Uit het onderzoek blijkt dat het om een fabricagefout gaat.

Alle machines zijn van 1992 en vallen daardoor buiten de fabrieksgarantie van drie jaar. Doordat de klachten altijd in combinatie met andere klachten geuit werden, heeft men de fout nu pas ontdekt. Een aantal machines is al gerepareerd door Haringsma toen het onderzoek nog gaande was. De eigenaren weigeren echter betaling of ze willen hun geld terug.

Haringsma staakt de reparaties. Men vindt dat Monter ze verder op zich moet nemen. In een brief aan Monter zet Haringsma de kwestie uiteen. Het onderzoeksrapport wordt meegestuurd. Haringsma brengt de betalingskwestie naar voren, het repareren van de overige machines en zij verhaalt de kosten van het onderzoek op Monter. Bovendien wil Haringsma alle overige machines van dat type terugsturen.

Opdracht A

U schrijft de claimbrief aan Monter.

Opdracht B

U werkt op de service-afdeling van Monter. U schrijft Haringsma een brief terug waarin u reageert op alle punten die Haringsma aan de orde stelt. U bent blij dat de fout aan het licht gekomen is, maar u vindt het onjuist dat Haringsma op eigen houtje gehandeld heeft.

Case 13 Van den Bergh & Jurgens

Of het nu besmet vlees in babyvoeding is, glassplinters in bier, een wasmiddel dat zo goed wast dat je geen wasgoed meer overhoudt..., het lijkt wel of bedrijven steeds vaker geplaagd worden door dit soort 'rampen'. Het kost de betrokken bedrijven in ieder geval miljoenen om het product weer weg te halen bij de consument en de detailhandel, maar ook nog eens kapitalen aan reclame en andere PR-activiteiten. Tot die PR-activiteiten behoort ook steevast een brief: soms is dat een brief aan alle gedupeerden afzonderlijk, soms een zogenoemde – paginagrote – open brief in de landelijke dagbladen.

Hier volgt een voorbeeld van zo'n geval: wat minder bekend misschien en al van een paar jaar terug.

Situatieschets

Ter stimulering van de verkoop van haar frituurvet 'Diamant' besloot Van den Bergh & Jurgens BV in 1994 een promotionele actie te voeren: aan kopers van het frituurvet zouden speciaal voor de actie vervaardigde frituurpannen te koop worden aangeboden. Men had een fraaie pan gezien van het merk Bauknecht, die door een bedrijf in België vervaardigd werd. Unilever Inkoopmij. trad in contact met het Belgische bedrijf, zoals in het concern gebruikelijk is. Overeengekomen werd dat dit bedrijf gedurende 14 maanden de frituurpannen zou leveren die Unilever zou bestellen. De pannen zouden met toestemming van Bauknecht slechts in uiterlijke vormgeving afwijken van de Bauknecht-pannen, waarvoor een CEBEC-keur was afgegeven. Een CEBEC-keur is te vergelijken met het Nederlandse Kema-keur. Er werd tot in detail overeenstemming bereikt over de technische gegevens en Unilevers eis dat de pan voorzien zou zijn van een CEBEC-keur werd aanvaard.

Tot januari 1995 leverde het Belgische bedrijf ongeveer 18 000 Diamant-frituurpannen in verschillende partijen. Vanaf begin mei werden deze door Van den Bergh & Jurgens BV aan het publiek verkocht voor ƒ 72,50 per stuk. Al in juni kwamen de eerste klachten. Deze werden aanvankelijk als normaal beschouwd: er is altijd een bepaald percentage klachten. Er kwamen er echter steeds meer. De klachten betreffen:
- kortsluiting die optreedt bij gebruik van de pan;
- oververhitting van het frituurvet waardoor dit in brand raakt en steekvlammen ontstaan.

Van den Bergh & Jurgens liet eerst één en toen meer pannen door deskundigen onderzoeken. Het resultaat is onthutsend: de pannen vertonen gebreken aan onder andere de aarding, de afdichting van het verwarmingselement en de thermostaat. Conclusie is dat een aantal pannen levensgevaarlijk is in het gebruik. Van buiten is echter niet te zien welke pannen dat zijn. Uit onderzoek blijkt dat het Belgische bedrijf, toen het Unilever meedeelde dat het het CEBEC-keur had gekregen, in werkelijkheid de pan alleen nog maar ter keuring had aangeboden. Het prototype werd weliswaar goedgekeurd, maar pas nadat er op aanwijzing van de keuringsinstantie, essentiële wijzigingen waren aangebracht. Deze wijzigingen werden echter niet doorgevoerd in de pannen die aan Unilever werden geleverd.

Half juli wordt besloten de verkoop verder te staken. Bovendien wordt besloten alle pannen bij het publiek terug te halen. Een geluk bij een ongeluk is dat Van den Bergh & Jurgens de adressen van alle afnemers heeft.

Opdracht

U werkt op de afdeling Marketing bij Van den Bergh & Jurgens en u wordt belast met het schrijven van een brief aan alle kopers. Alleen een waarschuwing om de pan niet te gebruiken vindt men niet voldoende. Ook uit marketing oogpunt is een waarschuwing niet bepaald handig. De kopers moeten op een of andere manier schadeloos gesteld worden, anders blijft Diamant waarschijnlijk een vervelende bijsmaak houden. Daarom wordt besloten de pannen te laten repareren: de goedkoopste en meest praktische manier waarop de kopers genoegdoening kan worden gegeven. Van Gend en Loos zal de pannen komen ophalen.
In de brief licht u de kopers in over de toestand waarin de pannen verkeren en wat daaraan gedaan wordt. U gaat tactisch te werk, zonder echter het gevaar dat het gebruik van de pannen oplevert te bagatelliseren. U doet er tevens alles aan om te voorkomen dat Diamant een slechte naam krijgt door deze affaire.

Case 14 Molensloot BV

Situatieschets

De Sunflower 33 is de eerste personal computer die geheel in de Benelux vervaardigd is. Hij wordt geassembleerd en gedistribueerd door Molensloot BV, een Belgisch-Nederlandse firma die zich tot dusver hoofdzakelijk op andere segmenten van de elektronicamarkt heeft gericht (meet- en regelapparatuur, medische instrumenten en dergelijke). Molensloot verwacht dat de Sunflower zal kunnen concurreren op de keiharde West-Europese *personals*-markt, door bijvoorbeeld nooit vervelende wachttijden te laten optreden bij de nalevering van onderdelen of uitbreidingspakketten. Het volgende gehate zinnetje zal de Sunflower-gebruiker in ieder geval nooit hoeven horen: 'We wachten op een zending uit Japan'.

Molensloot heeft lang gezocht naar een West-Europees bedrijf dat in staat zou zijn de benodigde chip te leveren. Curieus genoeg bleek Fad Gadgets BV, sinds jaar en dag onderdelenleverancier aan Molensloot, op haar ontwikkelingsafdeling al geruime tijd te werken aan een geavanceerde chip. Te oordelen naar de specificaties die Fad opgaf, zou dat een revolutionair product worden. Molensloot hapte dan ook gretig toe en sloot een contract af voor de levering van 15 000 stuks. Met deze chip als hart en de gunstige servicevoorwaarden zou de Sunflower wel eens een goudmijn kunnen blijken.

Wat er voorlopig ook gedolven wordt, geen goud. De Sunflower wordt niet met gejuich ontvangen. In een vergelijkend warenonderzoek, opgezet door Personal Computer Magazine, krijgt het apparaat een bijzonder *lage ranking*. Het gezaghebbende tijdschrift *Byte* spreekt zelfs over het gehandicapte neefje van de IBM PC, waarna de schrijver zijn artikel besluit met de opmerking: 'dat men wel een grote patriot moet zijn om deze "Hollandse waar" te kopen...'. Los van alle ironie komt de boodschap duidelijk over: de Sunflower maakt zijn prijs niet waar en dat ligt vooral aan de Nederlandse chip, die bij lange na niet voldoet aan de kwaliteitseisen.

De gevolgen voor Molensloot blijven niet uit. In de eerste twee maanden kunnen amper 180 personals bij handelaren worden uitgezet, terwijl de planning, op basis van marktonderzoek, 1500 bedroeg. De omvangrijke advertentiecampagne moet worden bijgesteld, of zelfs afgelast: de advertenties vermelden tal van kwaliteiten die de Sunflower niet blijkt te bezitten. Het apparaat lijkt een molensteen te worden om de nek van Molensloot.

Tijdens een crisisvergadering begroot het management de schade en gaat na welke maatregelen het moet nemen. Een drastische prijsverlaging? De Sunflower uit de handel nemen en in verbeterde versie weer op de markt brengen? Het project op de helling zetten, met alle verliezen van dien?

De directe schade, bijstelling van de advertentiecampagne, bedraagt nu al bijna anderhalve ton. Daar komt het uitblijven van omzet, zowel op korte als op langere termijn, nog bij; evenals mogelijke ontwikkelingskosten wanneer het project wordt beëindigd. Dit is allemaal, volgens de vakpers, terug te voeren op de ondeugdelijke chip van Fad Gadgets en op de overhaaste, te snel afgewerkte experimenteerfase in de laboratoria van Molensloot zelf.

De vergadering slaagt er nog niet in een definitief besluit te nemen. Wel is er een duidelijke meerderheid voor het idee een schadeclaim in te dienen bij Fad Gadgets BV. De directe schade moet zeker op hen worden verhaald en volgende claims moeten alvast worden aangekondigd. Misschien kan een fiks verzekeringsbedrag de ramp voor Molensloot beperkt houden.

Opdracht

U bent Van Kampen, secretaris van de directie. U wordt belast met het schrijven van een brief aan Fad Gadgets. U praat van tevoren met de bedrijfsjurist, die u op de hoogte stelt van de haken en ogen van schadeclaims. Die blijken niet gering in aantal en u besluit zeer zorgvuldig te werk te gaan in deze precaire situatie. Schrijf deze moeilijke brief.

 Janssen versus Schrauwen

Situatieschets

Frans Janssen is in het bezit van een Volvo 343 met automatische versnelling. Voordat hij in de zomer van 1994 met vakantie naar Zuid-Frankrijk gaat, laat hij zijn auto een grote onderhoudsbeurt geven bij zijn dealer, garagebedrijf Schrauwen BV in Den Haag. Maar helaas, eenmaal op vakantie krijgt Janssen pech. De motor van de auto draait uitstekend, maar hij wil niet voor- of achteruit.

Janssen belt een garage, men komt en ontdekt het euvel: de variomatic heeft het begeven. Dat kan niet ter plekke verholpen worden, de auto moet naar een garage in de grotere plaats Hyères. Dit alles bezorgt Janssen en zijn gezin een hoop last: de auto een week kwijt, sleepkosten naar Hyères, reparatiekosten, vervoerskosten van Hyères terug naar het vakantieverblijf. De totale kosten bedragen 7000 francs (ongeveer ƒ 2000,-).

De garage in Hyères heeft echter ontdekt dat het euvel te wijten is aan nalatigheid van de garage die de onderhoudsbeurt heeft verricht. Men heeft verzuimd een oliedop goed aan te draaien, waardoor er olie is weggelopen uit de variomatic. Janssen vraagt aan de Franse garagehouder deze constatering op schrift te stellen.
Terug in Nederland stapt hij met deze papieren en de diverse rekeningen naar Schrauwen BV en dient een eis tot schadevergoeding in. Hij wordt onhoffelijk behandeld en van het kastje naar de muur gestuurd. Hiermee neemt hij geen genoegen. Hij schrijft op 25 augustus een brief naar de directie van Volvocar BV te Born, waarin hij zijn verhaal doet. Kopieën van de bevindingen van de garage in Hyères en de rekeningen sluit hij bij.

Opdracht

U werkt op de service-afdeling van Volvocar. Janssens brief is, na enige omzwervingen, op uw bureau terechtgekomen. Voorzover mogelijk heeft u zijn verhaal nagetrokken en u bent tot de conclusie gekomen dat het heel plausibel is. Schrauwen, die u natuurlijk ook gebeld heeft, heeft toegezegd de zaak recht te zullen zetten. Hij heeft met u afgesproken hoe dat zal gebeuren: restitutie van het gehele bedrag zonder verdere discussie. Schrauwen zal het dan verder met zijn bedrijfsverzekering moeten uitknokken.
Deze regeling ontslaat u uiteraard niet van de plicht de brief van Janssen te beantwoorden. Schrijf deze brief.

 BOVAG

Situatieschets

Dat de FNV in consumentenzaken zou gaan, dat had u wel gelezen. Maar dat u daar zo snel mee te maken zou krijgen!
U werkt op de afdeling Voorlichting van de BOVAG en u heeft zojuist de volgende brief uit uw postvakje gehaald en gelezen (pag. 124). U overweegt wat u er het best mee zou kunnen doen. Normaal zou u dit in de afdelingsvergadering van maandagmiddag moeten brengen, maar uw (mini-)afdeling is gedecimeerd. De chef is op wintersport en uw naaste collega is door een hernia nu alweer drie weken afwezig. U heeft dus het rijk alleen; iets waar u, gezien de potentiële bedreigingen in de brief op uw bureau, niet uitgesproken gelukkig mee bent.

BOVAG
Gaasperdammerweg 2
1995 WW DIEMEN

Geachte heer, mevrouw,

In het meinummer van ons consumentenmagazine Koopkracht zal een artikel verschijnen over de tweedehands automarkt in Nederland. Daarin zullen alle *ins & outs* van de aankoop van een occasion nauwkeurig worden belicht, uitmondend in een checklist die de consument kan hanteren bij zijn of haar koopbeslissing.

Ons is gebleken dat aan zo'n publicatie grote behoefte bestaat. Het aantal klachten dat bij ons binnenkomt, zowel over de kwaliteit van de occasions als over service en verkooppraktijken, is zeer groot en neemt bovendien van maand tot maand toe. Goede voorlichting is dus gewenst, zeker in het voorjaar wanneer velen weer de aanschaf van een auto gaan overwegen.
Voor dit artikel vragen wij uw medewerking. We doen dit met een goede reden: ook over BOVAG-garages komen – helaas! – bij ons de nodige klachten binnen. Dat is volgens ons een ernstige zaak, die ernstig overleg behoeft.

Wij krijgen, grofweg, twee soorten klachten. In de eerste plaats komt het vrij regelmatig voor dat een wagen die voorzien is van een BOVAG-Garantiebewijs, niettemin serieuze mankementen vertoont. In de tweede plaats blijkt een reclamerende klant nogal eens nul op het rekest te krijgen van de betrokken dealer. Terwijl zijn geval toch duidelijk binnen de BOVAG-Garantiebepalingen valt.

U zult met ons van mening zijn, dat dit geen gezonde situatie is. Een gesprek tussen BOVAG en Koopkracht lijkt dan ook op zijn plaats: daarin zouden we van gedachten kunnen wisselen over de aard van de klachten en eventueel te nemen maatregelen. Zou u met ons een afspraak willen maken voor zo'n gesprek? Onze voorkeur gaat, vanwege de sluitingstermijn van Koopkracht, daarbij uit naar een datum voor 12 april.

FNV-Consumentendivisie Met vriendelijke groet,
Ridderkerkselaan 711
1200 AA VIANEN

                                          Anita Goossens
                                          Mark Middelkoop
                                          Redacteuren Koopkracht

U besluit, na de brief nog eens zorgvuldig gelezen te hebben, aan een antwoord te gaan werken. Daarin wilt u niet alleen op hun verzoek reageren, maar ook al het een en ander vertellen over het standpunt van de BOVAG ten aanzien van de aangeroerde kwestie.

Opdracht

U schrijft een brief als BOVAG-employé aan de redactie van Koopkracht. Vooraf maakt u natuurlijk een goede doel- en publieksanalyse waarop u uw brief baseert.

5 Slecht nieuws brengen

Misschien wel de moeilijkste vorm van communicatie is het overbrengen van *slecht nieuws*. Het is daarbij dikwijls een *onplezierige* taak. Vrijwel niemand vindt het prettig een sollicitant af te moeten wijzen, een negatieve beoordeling te moeten verstrekken of een klant 'nee' te moeten verkopen. Maar wie in een organisatie werkt, ontkomt niet aan de noodzaak van zulke acties. U zult er dus op voorbereid moeten zijn...
In deze categorie hebben we een aantal slecht-nieuwscases samengebracht. Het vergt vakmanschap om deze goed op te lossen. Om te beginnen dient u vertrouwd te zijn met de structuuradviezen van pagina 44. Een *indirecte* structuur is voor een slecht-nieuwsbrief doorgaans de beste, maar er zijn bepaalde gevallen waarin een *directe* benadering de voorkeur verdient.
Verder dient u vooraf het probleem zeer zorgvuldig te analyseren, zodat u zowel de positieve als de negatieve kanten ervan op een rijtje heeft. Het komt namelijk geregeld voor dat een schrijver zo intensief bezig is met het hoofdprobleem, dat ook allerlei minder problematische zaken sterk negatief worden benaderd. Daarmee wordt het nieuws nog slechter dan het al is.
Ten slotte is het belangrijk dat u, indien enigszins mogelijk, alternatieven aandraagt. *In dit geval* heeft u uw lezer dan wel slecht nieuws te brengen, maar *in de toekomst* is een succesvollere samenwerking mogelijk (denk aan het PR-principe). Een firma die alleen maar 'nee' verkoopt, lijkt een minder prettige zakenpartner dan een firma die als volgt antwoord kan geven: 'Nee, niet op deze manier, maar misschien...'.

Voorbeeldcase — Palmer Trading Company

Situatieschets

Al jarenlang doet de importeur Palmer Trading Company (PTC) uit Rotterdam pogingen om Eden & Eden als klant te krijgen. Eden & Eden is een keten van sjieke *home decoration*-zaken, met vestigingen in alle grote steden in de Benelux. Vandaag lijkt de vangst eindelijk binnen. PTC ontvangt een order (nr. 4682 VJ/PTC) van Eden & Eden. En een flinke ook: voor een bedrag van zo'n 40 000 gulden.

Maar helaas, die order kan niet direct uitgevoerd worden. Want de met de hand beschilderde vazen die Eden & Eden besteld – 50 sets bestaande uit drie vazen, prijs per set 400 gulden – zijn uitverkocht. Het schip dat een nieuwe serie aanvoert uit China ligt in de haven van Rotterdam te wachten. Vanwege de havenstakingen kan het niet gelost worden. Het is niet te zeggen hoe lang die staking nog zal duren.

Verder heeft Eden & Eden honderd met de hand geblazen kristallen karaffen besteld, model Veneto, afkomstig uit Murano (Venezia), Italië. Het model is in twee maten voorradig (0,8 en 1,2 liter) en in de order wordt niet vermeld welke maten gewenst zijn. De kleine kost 100 gulden, de grote 140.

U kunt Eden & Eden, een nieuwe klant, dus niet onmiddellijk de bestelde goederen sturen.

Opdracht

U zou natuurlijk kunnen wachten tot de staking afgelopen is en dan bij levering van de vazen naar de karafmaten kunnen vragen, dan is tenminste een deel van de bestelling geleverd. Maar er lijkt voorlopig nog geen eind aan de staking te komen. Zo lang kunt u Eden & Eden in ieder geval niet in het ongewisse laten. U schrijft het bedrijf daarom een brief, waarin u de situatie van de vazen en de karaffen uitlegt. Een langverbeide klant, die u meteen bij de eerste order al moet teleurstellen. In uw brief doet u er alles aan om Eden & Eden als klant te behouden. Zulke klanten heeft PTC hard nodig.

Voorbeelduitwerking en bespreking

[Briefhoofd]

Geachte mevrouw Dijkema,

Wij hebben vandaag uw order voor 50 sets FuYong-vazen en 100 Veneto-karaffen ontvangen. Wij zijn blij u als nieuwe klant te kunnen begroeten. Wij zullen u graag van dienst zijn.

Helaas zijn de omstandigheden zodanig dat wij u deze eerste maal moeten teleurstellen: de FuYoung-vazen kunnen niet direct geleverd worden. Zij zijn al geruime tijd uitverkocht. De nieuwe aanvoer kan door de staking in de Rotterdamse haven niet gelost worden. Het ziet er niet naar uit dat op zeer korte termijn een oplossing voor dit probleem gevonden kan worden. Wij doen er alles aan om de vazen zo snel mogelijk in ons bezit te krijgen.

Omdat wij dit bij de eerste kennismaking erg vervelend vinden, bieden wij u voor iedere dag dat u langer op uw bestelling moet wachten, een korting van 1% aan tot een maximum van 30%.

Wij verzekeren u dat gevallen van vertraagde levering slechts bij hoge uitzondering voorkomen.

De door u bestelde Veneto-karaffen kunnen wij in twee maten leveren, 0,8 en 1,2 liter. Wilt u de gewenste maat even telefonisch doorgeven? Dan kan deze order direct worden afgehandeld.

Wij hopen natuurlijk dat u, ondanks deze niet geheel vlekkeloos verlopen levering, in de toekomst van onze diensten gebruik blijft maken.

Hoogachtend,

J. Geluk
salesmanager

In deel 1 van dit boek en in de eerste vier categorieën cases hebben we u een aantal specifieke adviezen gegeven voor het overbrengen van slecht nieuws. We onderzoeken nu in hoeverre de schrijver van de voorbeeldbrief deze adviezen in praktijk heeft kunnen brengen.

Is de juiste structuur gekozen?
Ja en nee. De structuur is juist gekozen door met een inleidende alinea te beginnen waarin de nieuwe klant verwelkomd wordt. Zeker in deze case (een langverbeide klant) is dit een passend begin. De

slotalinea probeert de schrijver vervolgens positief en op de toekomst gericht te maken.

In de tweede alinea wordt een onjuiste structuur gebruikt. Het slechte nieuws wordt namelijk eerst gebracht en daarna wordt pas een toelichting gegeven. De omgekeerde volgorde is te prefereren, zoals we op pagina 46 betoogden. Bovendien is de slotalinea niet *off-subject*. Het slot vestigt de aandacht van de lezer eens te meer op het slechte nieuws. Dit is onnodig.

Is de boodschap niet onnodig negatief gebracht?
Ja en nee. Overdreven negatief is de formulering van het probleem rond de vazen: 'niet direct', 'uitverkocht', 'niet gelost', 'het ziet er niet naar uit', 'dit probleem'. Dezelfde boodschap kan op een andere manier overgebracht worden. Bijvoorbeeld:

> 'De staking in de Rotterdamse haven speelt ons parten bij de levering van de vazen. Het schip met nieuwe aanvoer uit China ligt te wachten op toestemming om gelost te worden. Zodra toestemming verkregen is – wanneer dat precies zal zijn, valt nog niet te zeggen – kunt u de levering tegemoet zien.'

Let wel dat het ook hier om *slecht nieuws* gaat. De formulering versterkt echter niet het beeld van een machteloze en passieve firma. Zeer goed pakt de schrijver het probleem van de Venetovazen aan. Hij vermijdt hier de valkuil om ook deze zaak als een probleem presenteren. Het is namelijk geen probleem maar een overvloedsituatie. De schrijver heeft dit goed onderkend en zijn uitwerking is dan ook beter dan bijvoorbeeld de volgende:

> 'Een tweede probleem is, dat de specificatie bij het tweede deel van de order ontbreekt. Ons is niet bekend welke karaffen u precies wilt hebben: die van 0,8 liter of die van 1,2 liter. Zonder die informatie kunnen wij niet tot levering overgaan...'

Is er voldoende aandacht besteed aan alternatieven of 'extra's'?
Ja en nee. De korting is een goed alternatief. Er is PTC immers veel aan gelegen met Eden & Eden een duurzame relatie op te bouwen. De schrijver had echter in zijn brief meer nadruk kunnen leggen op alternatieve manieren om op korte termijn aan de vazen te komen. Gegeven de situatie mogen we wel aannemen dat PTC zulke alternatieven zeker zal onderzoeken, door bijvoorbeeld een importeur

in Parijs bellen. Vermeld dergelijk onderzoek ook in de brief. Ook in een ander opzicht had de schrijver attenter kunnen zijn. Hij had zelf Eden & Eden kunnen bellen, in plaats van andersom.

(Herschrijfopdracht) Procter & Gamble Benelux

PROCTER & GAMBLE BENELUX
NAAMLOZE VENNOOTSCHAP   DIVISIE NEDERLAND
POSTBUS 1345   3000 BH ROTTERDAM

27 oktober 1986

REF: PTD-C/902-0634

De heer W.E. Pathoebé
Standardmolen 6
3481 AG HARMELEN

Geachte heer Pathoebé,

Hiermee bevestigen wij de goede ontvangst van uw schrijven betreffende de vernieuwde draagverpakking van ons produkt Pampers. Wegens interne omstandigheden kunnen wij uw schrijven eerst nu beantwoorden waarvoor wij u onze welgemeende excuses aanbieden.

Het speet ons te vernemen dat u niet tevreden bent met deze vernieuwing. Graag geven wij u hieromtrent enige uitleg. Van tijd tot tijd hebben wij te maken met prijsstijgingen van grondstoffen en verpakkingsmateriaal, welke wij noodzakelijkerwijs moeten doorberekenen aan de consument. Daar wij deze prijsstijgingen zoveel mogelijk proberen te voorkomen en te beperken, hebben wij in dit geval een verandering aan de draagverpakking aangebracht.

Wij betreuren het ongemak dat u heeft ondervonden en zenden u per afzonderlijke post een Pampers draagtas welke het vervoer van uw toekomstige Pampers aankopen wellicht zal vergemakkelijken.

Wij hopen echter dat de goede resultaten die u met Pampers heeft verkregen doorslaggevend mogen blijven zijn bij de bepaling van uw keuze en verblijven, met vriendelijke groeten,

hoogachtend,
PROCTER & GAMBLE BENELUX N.V.

(Mevr.) J.R. Blom
CONSUMENTEN SERVICE

Vragen

1 Een van de adviezen die u heeft gekregen voor het schrijven van effectieve zakenbrieven is: verplaats u in de lezer, schrijf klantvriendelijk en schrijf service-gericht. Is dat advies in deze brief volgens u opgevolgd? Motiveer uw antwoord.
2 Wat is volgens u het doel van deze brief en wordt dat doel volgens u bereikt? Motiveer uw antwoord.
3 Het hanteren van een dynamische stijl is een ander advies. Vindt u die stijl in deze brief? Motiveer uw antwoord.

Opdracht

Herschrijf de brief aan de hand van uw antwoorden op bovenstaande vragen.

 Sporting Life

Situatieschets

Op 17 september zal de Nederlandse zwemploeg afreizen naar het WK in Guayaquil, Ecuador. De ploeg zal dan geheel gekleed gaan in sportkleding van Nederlandse makelij. Sporting Life te Mijdrecht, een nieuwe fabrikant van sportkleding, levert de gehele uitrusting: wedstrijdkleding, badjassen, trainingspakken, handdoeken en sporttassen. Tenminste, dat staat in het contract dat Sporting Life met de Koninklijke Nederlandse Zwembond gesloten heeft. Door allerlei problemen kan de afgesproken leverdatum, september, echter niet gehaald worden.

Allereerst heeft het veel te lang geduurd voordat alle maten opgenomen waren bij de wedstrijdzwemmers. Honderdsten van seconden zijn beslissend in de zwemsport en een wedstrijdpak moet daarom een perfecte pasvorm hebben. Gepland was dat op 6 augustus alle zwemsters zich in Mijdrecht zouden melden voor een 'pas- en meetsessie'. Van de zestien kwamen er echter slechts zeven opdagen. Interne conflicten in de bond – veel zwemsters prefereren de zwemkleding van de vorige sponsor, Speedex – zouden wel eens de verklaring kunnen zijn voor dit geringe enthousiasme. Na veel telefonisch overleg en het nodige overwerk van de kleermakersstaf zijn uiteindelijk toch alle maten bekend. Het is echter al 17 augustus.

Verder heeft Seynaeve Textiel, een Belgische weverij, een verkeerde zending stretchstof gestuurd. Op een vervangende partij moest acht dagen gewacht worden, omdat Seynaeve deze niet in voorraad had. Hierdoor is de gehele productie, ook die voor de zwemsters die er op 6 augustus wel waren, vertraagd.

U bent verkoopleider bij Sporting Life. Zojuist heeft u een vergadering achter de rug met de atelierchefs en het is duidelijk dat het oorspronkelijke plan niet langer haalbaar is. Volgens dit plan zou Sporting Life op 1 september leveren en zou de kleding tijdens nationale wedstrijden in het weekend van 4 en 5 september worden uitgeprobeerd. Dit zou het atelier voldoende tijd geven om eventueel gewenste veranderingen nog voor het vertrek aan te brengen. Zelfs wanneer er zoveel mogelijk zou worden overgewerkt, dan nog zou er absoluut niet eerder dan 9 september geleverd kunnen worden. Een zeer vervelende zaak, ook al omdat de wedstrijden op 4 en 5 september met de nodige publicitaire tamtam gepaard zouden gaan. Een sponsorwisseling bij de nationale zwemploeg is nu eenmaal landelijk nieuws en voor Sporting Life was juist dit het belangrijkste aspect van de hele operatie.

Opdracht

Na overleg met de directie krijgt u de taak de KNZB van de vertraging op de hoogte te stellen: de wedstrijdkleding zal pas op 9 september geleverd kunnen worden. Alleen kleine aanpassingen in de kleding zijn dan nog mogelijk voor het vertrek naar Guayaquil. De directie vindt wel dat het hele project belangrijk genoeg is om extra uitgaven te rechtvaardigen. Mocht u nog via een goed (en betaalbaar) idee de pil kunnen vergulden, dan staat het u vrij te handelen.

Schrijf de brief.

 DOMUS

Situatieschets

Het trendy woonwarenhuis Domus zit met een lastig probleem. Een aantal woonartikelen uit haar assortiment komt uit Polen; mooie artikelen tegen een zeer redelijke prijs. Zeker als je bedenkt dat het hier om handgemaakte meubelen gaat. De artikelen zijn dan ook zeer gewild bij het publiek.

Maar het bedrijfje in Polen, waar de artikelen vervaardigd worden, kan niet rekenen op een constante aanvoer van grondstoffen: de ene keer wordt een bepaalde houtsoort wel geleverd, dan weer niet. Gevolg is dat ze hun leveringsafspraken niet op tijd kunnen nakomen. De spullen komen wel, maar wanneer is nooit precies te zeggen.

Opdracht

U werkt op de afdeling Externe Betrekkingen van Domus Holland BV. U vindt op uw bureau een stapeltje orders van klanten met daarop hun namen en wat ze besteld hebben. Al deze mensen krijgen hun bestellingen dus later dan oorspronkelijk is toegezegd. U kunt niet precies zeggen wanneer en u moet deze mensen daarover inlichten. U schrijft een brief en vult per klant in om welke artikelen het gaat. Zoals gezegd zijn de gewilde artikelen ook niet zomaar ergens anders verkrijgbaar. Dus de kans dat de klanten en masse de bestelling af zullen zeggen, is niet groot. Toch mag u gerust iets tegenover het geduld stellen dat u vraagt. Bijvoorbeeld door het beschikbaarstellen van een gratis nieuwe catalogus, een cadeaubon, een wooncadeau of iets dergelijks. U hebt daarin de vrije hand, maar bent wel gebonden aan een maximumbedrag van f 25,-. Het belangrijkste doel is het behouden van uw klant. Schrijf de brief.

 Instal BV

Situatieschets

In Kabylië, de bergachtige kuststreek van Algerije, worden drie gezondheidscentra gebouwd door een joint venture van Nederlandse en West-Duitse aannemings- en installatiebedrijven. Instal BV is een van die bedrijven. Instal is verantwoordelijk voor de technische installaties: verwarming, air-conditioning, sterkstroom, noodstroomvoorzieningen en dergelijke. In een gezondheidscentrum zijn deze voorzieningen uiteraard een belangrijke zaak. Voor Instal is dit project dan ook een prestigieuze order, die zou kunnen leiden tot penetratie in andere buitenlandse markten. Dat dit project zelf niet erg winstgevend zou zijn, had men indertijd wel voorzien. Zelfs als er geld bij zou moeten, dan zou het wervingseffect hier nog tegen op kunnen wegen.
Martin Braam, bouwkundig ingenieur, is projectleider voor Instal in

Algerije. Hij heeft in de afgelopen maanden steeds somberder berichten naar het hoofdkantoor in Nijmegen moeten sturen. Hij stuit namelijk op twee grote problemen die met elkaar samenhangen: de *cashflow* en de *workload*.

In financieel opzicht gaat het niet best met het project. Dit komt voornamelijk doordat de Algerijnse overheid, de opdrachtgever, bijzonder slecht in betalen is. In het contract is bepaald, dat het uitvoerend personeel (overwegend Algerijnen) rechtstreeks door de Algerijnse overheid betaald wordt. Aan deze verplichting probeert de opdrachtgever zich echter voortdurend te onttrekken. Althans, dat is het onderhandelingsspel dat gespeeld wordt. Over elke uitgave moet Braam uitgebreid vergaderen met provinciale ambtenaren van allerlei niveaus, die in ieder geval één ding gemeen hebben: ze willen het onderste uit de kan halen. Tot dusver heeft Braam de voortgang van het project steeds veilig kunnen stellen, maar aan vertraging valt niet te ontkomen. Met alle extra verliezen van dien. Aan zijn technische supervisiewerk komt Braam niet meer toe. Nu zijn hele werkweek bestaat uit vergaderen en lobbyen, is er nauwelijks nog tijd voor contact met zijn voorlieden. Dit komt de kwaliteit en de efficiency van het werk niet ten goede.

In zijn laatste rapport aan het hoofdkantoor heeft Braam deze problematiek concreet aan de orde gesteld. Hij vraagt om twee dingen:
1 aanstelling van een assistent-projectleider, die de coördinatie en supervisie van het eigenlijke installatiewerk kan waarnemen;
2 opwaardering van de functie van zijn assistente, mevrouw Pamuk. Zonder deze vloeiend Franssprekende Arabische zou Braam helemaal zijn doodgelopen in de Algerijnse ambtelijke jungle. Ze maakt echter bezwaar tegen het frequente overwerken dat in deze situatie nodig is. Haar argument daarvoor is even simpel als waar: 'Daar word ik niet naar betaald.' Aangezien de projectleiding vanuit Nederland wordt betaald, verzoekt Braam het hoofdkantoor haar salaris fors te verhogen.

Tijdens de directievergadering is het rapport van Braam uitgebreid besproken. Men deelt de zorgen die uit zijn analyse naar voren komen. Over de vraag wat er gedaan kan en moet worden, verschilt men in de directie van mening. Uiteindelijk blijkt een meerderheid voorstander van een terughoudende aanpak. Zeker niet meer investeren in dit project en geen assistent-projectleider aanstellen. De tweede wens kan wel worden ingewilligd: mevrouw Pamuk kan inderdaad een promotie tegemoet zien.

Opdracht

U bent sinds twee maanden in dienst van Instal BV. Uw taak is onder meer de contacten te onderhouden met de buitenlandse projectleiders. De directie vraagt u een brief te schrijven aan de heer Braam, waarin het directiebesluit wordt meegedeeld. Over de totstandkoming van dit besluit weet u niet meer dan wat in deze opdracht staat (de verantwoordelijke directeur is namelijk nogal kort van stof). Hoewel u Braam nog nooit persoonlijk heeft ontmoet, kent u zijn situatie goed.

U informeert bij Personeelszaken naar de gang van zaken rond de salarisverhoging van mevrouw Pumak. Die blijkt ingewikkelder dan u vermoedde. De Algerijnse overheid houdt de in- en uitstroom van buitenlandse valuta streng in de gaten. Voor een salariswijziging moeten daarom heel wat formulieren worden ingevuld. Tevens moet er een motivatiebrief worden geschreven door de chef van de betrokken werknemer. U schrijft Braam een brief waarin u de genomen besluiten uiteenzet en toelicht.

Case 20 Hermansziekenhuis

Situatieschets

De afdeling Financiële Zaken (FZ) van het Toon Hermansziekenhuis heeft sinds kort een nieuw computersysteem. Door deze aanschaf kan FZ in het vervolg gebruikmaken van de meest geavanceerde softwarepakketten op het gebied van salarisadministratie en budgetbeheer. Naast deze nieuwe mogelijkheden is daarmee ook een probleem geschapen: de medewerkers van FZ moeten vertrouwd raken met deze pakketten.

Het NTI (Niceware Trainingsinstituut) heeft aan de personeelsfunctionaris van het Toon Hermansziekenhuis een offerte gedaan. Zij biedt een cursus aan van vier dagdelen, die precies zou aansluiten bij de opleidingsbehoefte van FZ. De cursus bestaat uit een algemeen gedeelte (wat is precies geautomatiseerd budgetbeheer?) en een specifiek gedeelte (wat zijn de mogelijkheden en beperkingen van BUDGE?). BUDGE is het programmapakket dat FZ wil gaan gebruiken.

Hoewel de kosten zeker niet gering zijn (f 1.450,- per persoon), besluiten Personeelszaken en FZ met NTI in zee te gaan. Eerst zullen twee medewerkers, Vos en Van Benthem, de cursus volgen. Bevalt dat, dan zullen ook de andere medewerkers successievelijk aan de beurt komen.

De ervaringen van Jan Vos en Jaqueline van Benthem zijn echter niet erg positief. Zij rapporteren aan Personeelszaken een nogal rommelige gang van zaken. Zo kon de cursus volgens de brochure op twee opeenvolgende zaterdagen gevolgd worden, of op vier avonden in een week. Beiden hadden voor de eerste mogelijkheid geopteerd, maar kregen zeer kort van tevoren de mededeling dat zij alsnog in de avondcursus waren geplaatst. De zaterdagcursus ging niet door vanwege gebrek aan inschrijvingen. Zeer gestoord hadden beiden zich aan de nonchalante opstelling van de docent, de heer Knasterhuis. Deze verscheen ruim twintig minuten te laat. En dat terwijl Vos en Van Benthem zich enorm hadden gehaast om na het werk op tijd ter plekke te zijn.

'Bovendien', voegde Vos er kernachtig aan toe, 'was de ontvangst nou ook niet wat je voor bijna anderhalve rooie zou mogen verwachten.'

Inhoudelijk valt er ook het een en ander aan te merken op de NTI-cursus. Het algemene gedeelte nam te veel tijd in beslag en werd niet gegeven op het niveau van gevorderden zoals Vos en Van Benthem. Het specifieke deel was op zichzelf interessant, maar omdat het NTI niet over de allernieuwste versie van BUDGE beschikte, konden de meer verfijnde functies ervan alleen in theorie besproken worden. Juist een praktische demonstratie zou het meest leerzaam zijn geweest.

Opdracht

Als personeelsfunctionaris draagt u de verantwoordelijkheid voor het opleidingsbeleid van het Toon Hermansziekenhuis. U weet dat Vos noch Van Benthem querulanten zijn: als zij ergens over klagen, dan is er ook wat aan de hand. In overleg met FZ heeft u besloten voorlopig geen cursisten meer naar NTI te sturen en de mogelijkheden bij andere bureaus te onderzoeken. Dit alles moet NTI natuurlijk weten.

U weet overigens, dat een op maat gesneden cursus moeilijk te vinden is (u heeft tenslotte al een aantal offertes op uw bureau gehad). Daarom lijkt het u raadzaam de deur naar NTI in ieder geval op een kier te houden.

U schrijft de brief aan het Niceware Trainingsinstituut.

Literatuurlijst

Aronoff, C.E. e.a., *Getting your massage across; A practical guide to business communication*. St. Paul, Minnesota 1981.
Boer, H. de e.a., *Schriftelijk rapporteren*. Aula 54, Utrecht 1982, 14e druk.
Claasen-van Wirdum A. e.a., *Tekst en toespraak. Een praktische cursus taalbeheersing voor het hbo*. Groningen, 1994.
Douma, P. en Rudolf Geel, *Schrijven voor een groot publiek. Handleiding voor het schrijven van teksten voor de media*. Leiden/Antwerpen, 1990.
Drop, W. en J.H.L. de Vries, *Ter informatie*. Wolters-Noordhoff, Groningen, 1977.
Dijkstra, B.A. en J. van Delden, *Handelsbrieven*. Wolters-Noordhoff, Groningen, 1985.
Elling, R. e.a., *Rapportagetechniek. Schrijven voor lezers met weinig tijd*. Groningen, 1994.
Fellows, H. en F. Ikeda, *Business speaking and writing*. Prentice-Hall, Englewood Cliffs, 1982.
Himstreet, W.C. en W.M. Baty, *Business communications; Principles and methods*. Allyn and Bacon inc., Boston 1984.
Janssen, D. (red.) e.a., *Zakelijke communicatie, Modulaire leergang communicatieve vaardigheden voor het hbo*. Groningen, 1989.
Jonker, D.A. en P.J. van den Hoven, Recht spreken en krom schrijven. In: *Een bescheiden taalgids voor juristen*. Kluwer, Deventer, 1983.
Jong, J. de (red.), *Handboek bedrijfscorrespondentie*, Groningen, 1993.
Kimm, P.R. en C.G. Jones, *Business communication: getting results*. Prentice-Hall, Englewood Cliffs, 1983.
Kolkhuis Tanke, J.A., *Creatieve zakenbrieven*. Wolters-Noordhoff, Groningen, 1981.
Lesikar, R.V., *Business communication; theory and application*. Irwin inc., Homewood, Illinois, 1980, 4th ed.
Ommen, H. van en E. Kuppenveld. *Professionele bedrijfscommunicatie. Het handboek voor tekstschrijvers*. Groningen, 1995.
Renkema, J., *Schrijfwijzer; Handboek voor duidelijk taalgebruik*. Staatsuitgeverij. 's-Gravenhage, 1982, 5e druk.

Rosenblatt, S.B., T.R. Cheatham en J.T. Watt, *Communication in business*. Prentice-Hall, Englewood Cliffs, 1982, 2nd ed.
Steehouder, M. e.a., *Leren communiceren; procedures voor mondelinge en schriftelijke communicatie*, Wolters-Noordhoff, Groningen, 1984, 2e, geheel herziene druk.
Steehouder, M. e.a., *Leren communiceren. Procedures voor mondelinge en schriftelijke communicatie*. 3e dr. Groningen, 1992.
Treece, M., *Communication for business and the professions*. Allyn and Bacon inc., Boston 1983, 2nd ed.
Treece, M., *Successful business communication*. Allyn and Bacon inc., Boston 1984, 2nd ed.
Wofford, J.C. e.a., *Organizational communication; the keystone to managerial effectiveness*. McGraw-Hill inc., Tokyo, 1977.